べからず集

金融窓口・渉外

してはいけない
無意識に
つい、言ってしまう
やってしまった！
あんなことを

細田恵子［著］

改訂増補版

一般社団法人 金融財政事情研究会

改訂増補版はしがき

　早いもので、初版の「べからず集」を出してから、約10年が経とうとしています。

　事務手続については、法律が変わったり、取引の安全のために自金融機関のルールが厳しくなったり、遵守すべきルールが厳格化しています。また、相変わらず減らない振り込め詐欺などの事故の防止においては、行職員が自ら気づいて行動することが求められています。また、現在の金融環境下でのセールスにむずかしさを感じている人も多いのではないでしょうか。

　そんななか、研修にお邪魔すると、
　「『べからず集』の読み合わせをしています」
　「窓口に出る前に『べからず集』で勉強しました」
など、頼もしいことばをかけていただくことも少なくありません。とても嬉しい瞬間です。ありがとうございます。

　私は、CSで大切なのは、むずかしいなかで試行錯誤しながらも、お客さまのための工夫を続けることではないかと思っています。お客さまに喜んでいただける対応を実際にきちんと行うことは、書面を読むよりむずかしいことでしょう。しかし、基本を頭のなかに入れて、それを実践していくことで、「こんな場合は、こうするともっとよいな」など、皆さんのなかでさらによい「べからず集」が生まれてくるに違いありません。

　法や制度の改正などに対応したこの改訂増補版「べからず集」が、引き続き皆さまの一助となれば幸いです。私も精進してまいります！

2016年8月

　　　　　　　　　　　　　　　　　　　　　　　　細田　恵子

改訂版はしがき

　初版を出してから2年が経ちました。関連する法律では、2007年9月30日から「金融商品取引法」の本格施行、2008年3月1日から「犯罪収益移転防止法」の施行（それに伴い「本人確認法」は廃止）がありました。そして、アメリカのサブプライムローン問題を発端にした金融危機と激動の時期を迎えています。

　そこで、今回の改訂にあたっては、これら法律への対応を主に行いました。

　しかし、この『金融窓口・渉外べからず集』は、金融機関の窓口・渉外担当の基本的な応対にＣＳの原点があるのではないかという問題意識から記述したものなので、法律や金融環境の変化のなかでも、主張したい基礎事項はあまり変わっていない、むしろ強調したいということを再認識しました。

　振り込め詐欺や盗難通帳・キャッシュカード被害への不安、運用商品の含み損に対する不安など、お客さまがさまざまな不安を抱えているいまだからこそ、しっかりとお客さまに向き合い、お客さまのために何ができるかを考え、行動することが大切なのではないでしょうか。お客さまは、窓口担当者や渉外担当者のちょっとしたひと言に温かさを感じたり、先を読んだ対応に喜びを感じたりします。1人でも多くのお客さまに満足を持ち帰ってもらえるような行動をとっていきましょう。

　2009年2月

細田　恵子

はじめに

　日本で「CS（Customer Satisfaction：顧客満足）」ということばが使われるようになって、もう20年近くになります。1980年代の末には先進的企業が、1990年代からはさまざまな企業が、顧客満足の向上を目指しました。現在、多くの金融機関がCS活動に取り組んでいます。

　そんななかで、私は、以前にも増して「CS活動に終わりはない」ということばを噛みしめています。その理由は三つあります。

① CSの第一歩であるあいさつやお客さまへの声かけなどの「基本応対」をみても、まだまだできる（すべき）ことは多い。

② 「よりよく（better）」を目指して、できていることや強みをさらに向上させるにはどうするか、他に工夫できることは何かなどの追求は、時代変化とともに永遠に続く。

③ 行職員が一丸となってCS活動に取り組み、お客さまの満足度が上がったとしても、そこで停滞していると、しばらくするうちに、お客さまにとって「特別だった環境や対応」が「当たり前のもの」になってしまい、満足度は低下してしまう。

　継続したCS活動が必要な三つの理由のなかで、①、つまり「基本的な事項」では、依然として大きく二つの課題が存在しています。

「気づいていない」問題

　一つは、「具体的に何が悪いか気づいていない」という問題です。

　たとえば、テラー研修のロールプレイング実習では、次のような意味不明のことばが横行しています。

　　Ａ「こちらのご資金は、投資信託のほうで運用なさいませんか？」

　　私「ちょっと待ってください。投資信託の『ほう』ってどちらのほうですか？　北でしょうか、南でしょうか？」

　　Ａ「……」

　　私「お客さま応対の場面ではふさわしくないですね。『投資信託で』と

いいましょう」
　　B「あ……、私もいってたかも！」
　　A「学生時代はこんな言い方ばかりしていたので、当たり前の表現だと
　　　思っていました。ことばが染み付いちゃっているんですね……」
　ハッとした表情で、受講者のみなさんは熱心にメモをとっています。
　場面を変えて、顧客応対の練習をしているときのこと。
　　C「でもぉ、この表現を使わないと説得力に欠けなくないですかぁ？」
　　D「欠けなくなくない！」
　某銀行の方（D）は、苦笑い交じりに「こちらも意味不明の三重否定で会話を進めている有様です……」とのことです。
　このように、気づいていないがためにできていないことが、少なくないようです。

「行動化できていない」問題

　二つ目は、よくないとわかっているのに「皆ですれば怖くない」、つまり「わかっているけれど行動が伴わない」という問題です。度の過ぎた茶髪、ハイソックス履きなど、身だしなみの問題、基本動作などは多くの場合これに該当します。
　たとえば、新入行職員時代に最初に習うお辞儀の仕方。これでさえ、顧客応対の一連の流れのなかでは、中腰のまま中途半端に立った状態でお辞儀をしている場面がみられます。
　「立つときはきちんと立ってあいさつをしましょう。皆さん若いのにおばあさんみたいですよ」
というと大笑いとなるのですが、
　「確かに、膝が曲がった中途半端なお辞儀をしていました」
　「やってみるとむずかしい！」
という声が聞かれます。
　お辞儀も先のことばも、実習を続けると、
　「私もいっちゃった！」「またやっちゃった！」
との声があがります。

わかっていることをきちんとできるようになるまでには時間がかかると痛感させられます。

"こんなこと"をしていませんか？
　若手行職員に限らず、これらの問題は大きなテーマです。応対相手に「どうぞ、召し上がってください」と勧めず、ご自身だけおいしそうにお茶を飲む支店長を前に、ちょっとしたお客さまとの会話や動作のむずかしさを感じたこともあります。
　本書では、当たり前にできているように思えるけれど落とし穴になっていること、これまで気づいた「えっ!?」と思う事柄をまとめました。「私も"こんなこと"していないか？」と振り返りながら読んでいただければと考えて、執筆したものです。
　お客さまを大切に思い、お客さまの満足度向上のために何かしたいと考えている、金融業務に携わる愛すべき仲間たちの「気づき」と「行動」の一助となれば幸いです。

2007年1月

　　　　　　　　　　　　　　　　　　　　　　　　　細田　恵子

目　　次

I　態度・動作編

1　あいさつは？
- (1)　「いらっしゃいませ」の顔が能面!?……………………………………3
- (2)　ロビーのお客さまと目が合ったら 視線をさっとそらす!?…………6
- (3)　きちんと腰掛け「いらっしゃいませ」!?………………………………8
- (4)　先に立って「ありがとうございました」!?……………………………10
- (5)　訪問先では大きな声で「こんにちは、○○銀行です！」!?…………12
- (6)　お約束のときはキョロキョロ応対者を探す!?…………………………13
- (7)　お詫びだって座ったまま「申し訳ございません」!?…………………15
- (8)　「父が亡くなったので……」「そうですか」!?…………………………16

2　窓口では？
- (1)　無言でカルトンを差し出す!?……………………………………………18
- (2)　通帳・現金は黙って手にとる!?…………………………………………20
- (3)　カルトンは逆さ向き!?……………………………………………………22
- (4)　粗品はカルトンに乗せて渡す!?…………………………………………24
- (5)　EQ番号札はテキパキ素早くボタンを押す!?…………………………25
- (6)　ペン先をお客さまに向けて!?……………………………………………27
- (7)　印章を預かる!?……………………………………………………………28
- (8)　手続に入るときは忙しそうに!?…………………………………………29
- (9)　後方との連携は黙ってサッと!?…………………………………………30
- (10)　通帳をもったまま!?………………………………………………………31
- (11)　パンフレットは指さし確認!?……………………………………………32

3　ロビーでは？
- (1)　ロビーはお客さまだけのエリア!?………………………………………33

	(2)	ロビーはキビキビ小走りに!?……………………………………………35
	(3)	お客さまの前を通るときはペコペコお辞儀!?……………………………36
	(4)	ソファのお客さまには後ろから声かけ!?………………………………37
	(5)	記帳サポートはお客さまに寄り添って!?………………………………38
	(6)	お客さまのものは何でもおもちする!?…………………………………39
	(7)	ATM案内はおっくうそうに!?……………………………………………40
	(8)	ATMへの案内はお客さまの後ろから!?…………………………………41
	(9)	15時になったら素早くシャッターを下ろす!?…………………………43
	(10)	入口付近に仁王立ち!?……………………………………………………44

4　訪問先では？

   (1) 脱いだ靴の向きはそのまま!?……………………………………………46
   (2) 座布団や椅子にはサッサと座る!?………………………………………48
   (3) お茶はすぐにゴクゴク飲む!?……………………………………………50
   (4) 名刺交換はテーブル越しに!?……………………………………………51

5　応接室では？

   (1) 応接室への入室はいつでもお客さまが先!?……………………………53
   (2) お客さまが肘掛椅子!?……………………………………………………56
   (3) お茶はたっぷりサービスを!?……………………………………………57
   (4) 応接室にお茶碗が残っている!?…………………………………………60

6　店づくりは？

   (1) パンフレット設置場所には無関心!?……………………………………61
   (2) ポスターが斜めにアートしている!?……………………………………63
   (3) 店の印象で強烈なのはあなた!?…………………………………………64
   (4) 還元帳票はいつでもみやすいように出しておく!?……………………66
   (5) ATMは指紋でベトベト!?…………………………………………………67
   (6) 店舗周りの掃除は他の人がやっているから!?…………………………68

Ⅱ 基本会話編

1 基本の「き」は？

(1) 「100万円からお預かりいたします」!?……………………………71
(2) お客さまとの会話は気取った敬語で!?………………………………74
(3) 「こちらにね、書いてくださいね」!?…………………………………75
(4) 「親しさ」と「馴れ馴れしさ」………………………………………77
(5) お客さまのことばに会話がかぶる!?…………………………………79
(6) いつでも「少々お待ちくださいませ」!?……………………………80
(7) 「ずいぶん待っているんですけれど……」「あっ、そうですか」!?…82
(8) 「処理をいたします」!?…………………………………………………83
(9) 「私ではわかりかねますので」!?………………………………………84
(10) 「多分○○だと思います」!?……………………………………………85
(11) 「私が担当したのではございません」!?………………………………86
(12) 「入金してくれる？」「お掛けになってお待ちください」!?…………90

2 手続は？

(1) お客さまは苗字で呼ぶ!?…………………………………………………91
(2) 復唱確認は大きな声で!?…………………………………………………92
(3) 支払い・解約はお礼をいわない!?………………………………………93
(4) 「古い通帳は……」!?……………………………………………………95
(5) 「身分を証明できるものをおもちですか」!?…………………………97
(6) 「そのようなきまりになっております」!?……………………………100
(7) 「○○さまは、ご主人さまですか」!?…………………………………102
(8) 「○○していただかないと困ります」!?………………………………103

3 電話応対では？

(1) 素早く名乗る!?……………………………………………………………105
(2) 受話器はお客さまより先に置く!?………………………………………106
(3) 電話も元気に大きな声で!?………………………………………………107

(4)　「ええっと、少々お待ちください」!? ……………………………… 108
　　(5)　アポ取り電話はお客さま都合で!? ……………………………… 109

Ⅲ　セールストーク・資産運用相談編

1　ニーズ喚起では？
　　(1)　「私どもでお勧めなのは」!? ……………………………………… 113
　　(2)　「1,000万円以上のお取引の場合ですが……」!? ……………… 116
　　(3)　「余裕があるようなので……」!? ……………………………… 118
　　(4)　「結構残高がございますので」!? ……………………………… 119
　　(5)　「定期預金なんかよりよいですよ」!? ………………………… 121
　　(6)　「○○さまのような方でも少額からできます」!? …………… 123
　　(7)　「早く準備していただかなければなりません」!? …………… 125
　　(8)　「長生きをしてしまうと……」!? ……………………………… 127
　　(9)　「老後生活は……、年金生活は……」!? ……………………… 129

2　情報収集は？
　　(1)　「解約ですと、お使い道がお決まりですか」!? ……………… 131
　　(2)　「投資経験はございますか」「株をやっているのでしょうか」
　　　　「長くやっているのですか」!? …………………………………… 133
　　(3)　「よそでやっているのよ」「そうですか」!? ………………… 135
　　(4)　「もしよろしかったら……」!? ………………………………… 137

3　商品説明では？
　　(1)　「ご存知ですか」!? ……………………………………………… 139
　　(2)　「一から説明させていただきます」!? ………………………… 141
　　(3)　「この商品の特長は、……（ペラペラペラ）……」!? ……… 143
　　(4)　「○○についてはいかがですか？　こちらはですね……」!? … 145
　　(5)　「円高ドル安になると基準価額が下がります」!? …………… 146

4　お客さまからの質問では？

(1)　「何かよい商品はある？」「……」!?　………………………………147
(2)　「自己責任となっておりますので……」!?　……………………149
(3)　「お客さまご自身でお決めください」!?　………………………151

5　クロージングは？

(1)　「それでは、またお考えください」!?　…………………………153
(2)　「何かありましたらご連絡ください」!?　………………………156

6　アフターフォローでは？

(1)　「まだ売るには早いですよ」!?　……………………………………158
(2)　「値が下がっているね」「そのようですねぇ」!?　………………161
(3)　フォローに来ない？　………………………………………………164

本文イラスト：中島泰代

I

態度・動作編

人は、以下の四つの関所を順番に越えて、初めて相手のいっていること（話の内容）を心から受け入れるといわれています。つまり、それぞれの関所を越えないと、話の内容を聞いてくれないということです。

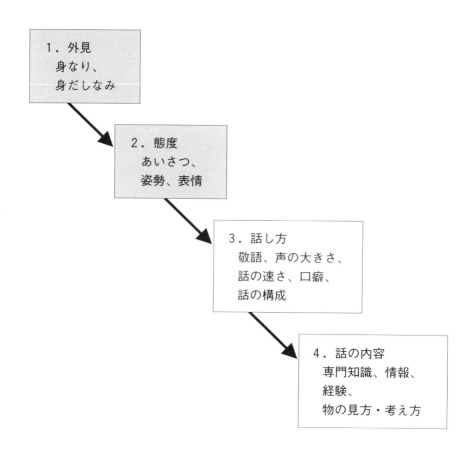

　最初の関所は「外見」の印象、次は「態度」です。確かに、表情や態度で同じことばでも印象はまったく変わってしまいますね。
　せっかく十分な専門知識や情報をもっていても、評価の関所を越えられず、それらを生かせないのではもったいないことです。
　この章では、第一、第二の「評価の関所」に焦点を当ててみていきましょう。

1 あいさつは？

(1)「いらっしゃいませ」の顔が能面!?

　――「いらっしゃいませ」
　ロビーに入ると聞こえてくるさわやかな声。あいさつがあるのは当たり前だと思うけれど、声かけがあるとやっぱり嬉しい。ところが、パッと顔をみると、能面のように無表情な顔。「えっ、ウソ！　声とのギャップは何!?」

「能面顔」は×

　どんなに優しい声が飛んできても、能面のような顔つきではお客さまは興ざめです。
　「こんな顔であいさつするぐらいなら、笑顔であいさつしてくれるATM画面のお姉さんのほうがマシなのでは!?」とお客さまから思われてしまいます。せっかくの声かけが「営業あいさつ」に感じられる瞬間です。

「笑顔」は接客のキーポイント

　毎朝の化粧や髭剃りのときなど、自分の顔を鏡でみるとき、眉間にしわを寄せている人はいないでしょう。そもそも、人は自分では自分の比較的よい顔をみています。それなのに、人様には能面顔で接するというのでは、あんまりですね。
　事務机の引出しに「鏡」が入っていますか。たまには鏡で笑顔のチェックをしないと、忙しい時間帯や複雑な手続などを受け付けているときなど、能面顔どころか、怖い顔になっているかもしれません。
　照れ臭いのを我慢して、鏡をみて、「口角を上げて」笑ってみましょう。繰り返していると、頬骨が痛くなってきます。鍛えられていない証拠です。

スマイル・トレーニング

　顔のたるみ防止にも効くのでブームにもなっているスマイル・トレーニング。ファッション関係のコンサルタントをしている私（筆者）の友人は、「金融機関の人たちはスマイル・トレーニングをしないの？」と非常に驚いていました。その友人によると、百貨店や洋服の専門店の売り場に出る人たちは、よくスマイル・トレーニングをするそうです。まずは形（笑顔）から、そうすれば、そこから心（お客さまを思う気持ち）が生まれてきます。

　スマイル・トレーニングの方法は、以下のとおりです。

　　① 顔全体の運動……顔全体の筋肉を中心に集めるような感じで、顔をくしゃくしゃにして口も前に突き出す
　　② 笑筋の運動……頬を引き上げる感じで「い〜」と発音しながら笑顔をつくる（真横ではなく、口角を上に上げる）
　　③ 口輪筋の運動……唇を前に突き出して「う〜」と発音する（頬をへこます感じに）
　　④ 眼輪筋の運動……右目をぎゅっと閉じて左目をぐいっと見開く（左右交互に閉じたり開いたり。額にしわがよらないように）

笑顔の声かけには三つの効果

　お客さまがロビーに入ってくるときのあいさつには、大きく二つの効果が

あります。

　一つは、お客さまに「この銀行に来ると感じのよいあいさつでいいなあ」と思ってもらうこと。こちらが笑顔で応対すれば、お客さまも気分が明るくなり、笑顔になります。お客さまがロビーに入ってきたら、笑顔でお客さまをみながら、

　　「いらっしゃいませ」（聞こえるように大きな声で）
　　「いらっしゃいませ」（波乗りあいさつ）

と声をかけましょう。

　その結果、二つ目の効果である防犯対策にもなります。「これだけ声かけがあるということは、強盗に入ろうと思っても、ロビーに足を踏み入れた途端に気づかれてしまいそうだな」と思わせるのです。

　さらに、笑顔でいれば自分も明るい気分になれます。この三つ目の効果により日々の仕事がますます楽しくなり、周囲の同僚にもよい影響を与えます。

(2) ロビーのお客さまと目が合ったら視線をさっとそらす!?

> 「まだ終わらないのかしら……」
> ロビーのソファに腰掛けて待つ間に、フッと顔を上げると、事務室の後方にいる人や、隣の窓口の人と目が合うことがある。そのときの表情がコワイ！
> （対応してくれたテラーは感じがよいけれど、他の人は怖いなあ。次回あの人にあたったらどうしよう!?）

「にらみ」をきかせては×

おそらく、視線が合った後方担当者にも、隣の窓口の人にも、悪気はないのでしょう。ロビーのお客さまと目が合ったときにどうしてよいかわからず、目をそらすのだと思います（一種の照れ隠しでしょうか）。しかし、その様子がお客さまから「コワイ！」「感じ悪い」と思われ、ともすると「にらまれた」となってしまうようです。

視線が合ったら会釈を

待ち時間のお客さまや、隣のカウンター前で立って手続を待っているお客さまと視線が合ったときには、軽く会釈をしましょう。
　「いらっしゃいませ」
　「お待たせしております」
という気持ちを込めて、軽く頭を下げます。
お辞儀の角度は浅くてもかまいませんが、頭を下げたところで少し止めるとていねいにみえます。

あいさつはテラーだけの仕事ではない

融資担当者や渉外担当者が、預金のお客さまや支店のお客さまは「自分には関係ない」という顔をして座っているようにみえることもあります。いく

らテラーが笑顔であいさつをしても、店内の雰囲気は台無しですね。
　①　波乗りあいさつを行う
　②　帰店時には、お客さまにあいさつをしてから席に座る
など、全員でお客さまを迎え入れましょう。

(3) きちんと腰掛け「いらっしゃいませ」⁉

「こんにちは」
── 「いらっしゃいませ」
「投資信託について教えて欲しいのだけど……」
── 「ありがとうございます。それでは、どうぞお掛けくださいませ」
（とてもていねいなことばだけれど、あなたは絶対に立たないのね⁉）

「腰重（こしおも）応対」は×

　座っての応対が基本のローカウンターでは、ついつい腰が重くなって座ったまま……になっていませんか。

サッと立ってあいさつ

　ローカウンターでの迎え入れは、
　① お客さまがカウンターに来たら、サッと立つ。
　　腰を曲げたままや膝が曲がったままなどの中途半端な姿勢ではなく、背筋を伸ばしてまっすぐに立つ。
　② あいさつをする。
　　「いらっしゃいませ」
　③ お客さまに腰掛けるよう勧める。
　　「どうぞお掛けくださいませ」
　④ お客さまが座るタイミングで、自分も座る。
　　「失礼いたします」
　　お客さまが座ってから、もしくは、お客さまと同時に座る。「失礼いたします」とあいさつをしてから座れば、万が一、自分の座るタイミングが早くなってしまった場合にカバーできます。
　ハイカウンターでの迎え入れは、
　① お客さまがカウンターに来たら、サッと立つ。

基本的には、ハイカウンターでも、お客さまを迎え入れるときには立つ。
② あいさつをする。
　　「いらっしゃいませ」
③ その日の用件を聞く。
　　「本日は、どのようなご用件でしょうか」
④ 手続前に座る。
　　用件を聞き、お客さまにカウンター前で待ってもらいながら端末操作などの手続を行う場合は、必要に応じて「失礼いたします」と声をかけて座る。

ハイカウンターからローカウンターに案内する場合は、
① お客さまをローカウンターに案内する。
　　手で方向を指し示し「あちらのカウンターにどうぞ」と案内する。
② お客さまの少し先を歩いて誘導する。
　　お客さまの様子をみながら「こちらです」などの声をかける。
③ ローカウンターに着いたら、お客さまに腰掛けるように勧める。
　　「どうぞお掛けくださいませ」
④ 担当者への取次ぎや資料準備などがあれば、待ってもらうように案内する。
　　「担当の○○がまいりますので、しばらくお待ちくださいませ」
　　「資料を揃えてまいりますので、お待ちくださいませ」

いずれの場面も、立ち居振る舞いが印象に大きな影響を与えます。

(4) 先に立って「ありがとうございました」!?

> ローカウンターでの相談が終わり、もらった書類やパンフレットをもたもたとバッグにしまっていると、担当者がすくっと立って、帰り支度が終わるのを待っている。
> (あら、早くしないと悪いかしら。迷惑かけないように手早くしまわなくちゃ……)
> お客さまがテラーを気遣って、急いで帰り支度!?

先に立っての「見下ろし待ち」は×

ローカウンターでの接客が終わり、お客さまを送り出すときには、立ってあいさつをするのが基本です。しかし、気を利かせて早く立ちすぎると、お客さまがあわてます。

お客さまと一緒に立つ

お客さまの動きに合わせて行動すると自然です。

① お客さまが立つタイミングで一緒に立つ。

　お客さまが立つのを見計らって、一緒に立ち上がるようにします。あわててパンフレットなどをしまっているときに、「どうぞ、ゆっくりご支度ください」など声をかけてもらうと、安心します。

② あいさつをする。

　「ありがとうございました」

　迎え入れのあいさつでは、お客さまの様子を把握するためにお客さまの顔をみることを意識します。これに対し、送り出しのあいさつは、ていねいに頭を下げることを意識します。背中を向けて帰っていくお客さまには、その姿はみえませんが、ロビーにいるお客さまは「私のときにも、こんなふうにていねいに見送ってくれているのね」と思います。

③ 一言を添える。

「どうぞ、お気をつけてお帰りください」
「またのご来店をお待ちしております」

(5) 訪問先では大きな声で
　　「こんにちは、○○銀行です！」!?

> ピンポ〜ン！
> ──「こんにちは、○○銀行です！　いらっしゃいませんかぁ？」
> （元気のよいあいさつなんだけれど、あなたの声で、ご近所中が訪問を知ってしまってるんですけど……）

近所中に響く「アナウンス声」でのあいさつは×

　大きな声のあいさつで元気のよさは伝わるかもしれません。しかし「□□さんのお宅は、○○銀行と取引しているのね。きょうは何かしら？　資産がたくさんあるのかしら？　それともローンか何か利用するのかしら？」などと、思わぬ憶測を呼ぶ可能性があります。また、「銀行にはお世話になっているけれど、近所の人にわかるように来て欲しくない」と思っているお客さまもいますので、配慮が必要です。

お客さまだけがわかればOK

　別にコソコソと訪問する必要はありませんが、お客さまの気持ちに配慮して、周囲に聞こえる大声を出さないようにしましょう。
　また、あまり深刻な顔をして訪問すると、「あちらのお宅は、何かヘンなことがあったのかしら？」などと近所の人から余計な詮索をされかねません。ここでも、基本は笑顔です。

自転車やバイクの置き場所に配慮

　移動に使った自転車、バイク、車の駐車にも配慮しましょう。気になる場合は、「あちらに置かせていただきました」などと、お客さまに一言断っておけば安心です。

(6) お約束のときはキョロキョロ応対者を探す!?

> 「渉外の加藤さんとの約束で来たのですけれども……」
> ──「そうですか、加藤ですね」
> キョロキョロと応対者を探す。
> (あれっ、加藤さん、どこ行っちゃったのかしら？ 困るわねぇ)
> ──「すみません、加藤ですね。えっと……」
> 「あのぉ、お約束いただいているのですけれど!?」

「キョロキョロ探し」は×

　約束して来店したにもかかわらず、話が通じていなかったり、すぐに応対者が出てこなかったりするのでは、お客さまは「約束しておいたのに、話が伝わっていないのね」とがっかりするものです。自分が軽んじられているのではないかと疑うかもしれません。

「お待ちしておりました」

　約束で来店したお客さまには、その旨を確認して「お待ちしておりました」と迎え入れましょう。

　そのためには、お客さまとの来店約束情報を支店内で共有することが必要です。

① 何時に
② だれが来店するか
③ 来店の際、どのような対応をすればよいか
　・応接室への案内か？　ローカウンターへの案内か？
　・お茶は出すのか？

などを連絡します。

　連絡が徹底されていれば、次のような対応ができるはずです。

> 「渉外の加藤さんとの約束で来たのですけれども……」
> ──「津田さまでいらっしゃいますでしょうか？」
> 「そうです。11時の約束で来ました」
> ──「承っております。津田さま、お待ちしておりました。応接室へご案内いたします。こちらへどうぞ……」

知らなかったら、こんな応対を

たとえお客さまとの来店約束情報が伝わっていなかったとしても、先の事例のような応対では失礼にあたります。

① 来店のお礼をいう。
② お客さまの名前を聞く。
③ 担当者に取り次ぐ旨を伝え、待ってもらうようお願いする。
④ 担当者に確認する。

これだけで、以下のように対応できるはずです。

> 「渉外の加藤さんとのお約束で来たのですけれども……」
> ──「かしこまりました、加藤とのお約束ですね。ご来店ありがとうございます。失礼ですが、お名前をいただいてもよろしいでしょうか？」
> 「津田です」
> ──「ありがとうございます。津田さま、加藤に申し伝えますので、少々お待ちくださいませ」（確認をとり、案内場所などの指示を受ける）

(7) お詫びだって座ったまま「申し訳ございません」!?

「これ、間違っているじゃない!? いったいどうなっているのよ!」
── 「申し訳ございませんでした。すぐに確認をいたしますので、少々お待ちいただけますでしょうか」
「早くしてちょうだい!」
確認すると、銀行に落ち度があったことが判明。
── 「下條さま、お待たせいたしました。大変申し訳ございませんでした……」
(お詫びのことばはていねいだけれど、お客を動かしたうえ、あなたは座ったまま。本当に申し訳ないと思っているの!?)

ここでも「腰重(こしおも)応対」は×

銀行はお客さまのいるロビーエリアと行職員のいる事務エリアがカウンターで仕切られています。ただでさえ、担当者がお客さまのところに出向くのではなく、お客さまに動いてもらうスタイルの店舗が多いのが現状です。それに輪をかけて、椅子に根がはっているような腰重テラーになっていませんか。

お詫びは「立って」「ていねいに頭を下げて」

① 基本
　立って、頭を下げて、「申し訳ございません(でした)」という。
② ローカウンターや応接などで、お客さまが座っている場合
　こちらが立って見下ろすと失礼になると思う場合は、立って、一歩下がり(お客さまから離れて)、お詫びをする。その後、座ってから、あらためて状況説明などをするとよい。
③ お客さまがロビーのソファに座っている場合
　状況によっては呼び寄せることが失礼になります。自らお客さまのもとに行くなどの配慮をする。

(8) 「父が亡くなったので……」「そうですか」!?

> 「父が亡くなったので、手続をしたいのですが……」
> ――「そうですか、それでは相続の手続ですね。あちらでご説明いたしますので、どうぞ」
> (「そうですか」って、人の死を何だと思っているの!?)

「そうですか攻撃」は×

　お客さまが亡くなった事実を聞いたときは、当然のことながら笑顔はふさわしくありません。そのためか、「そうですか」と暗くつっけんどんな応対でローカウンターや応接コーナーに案内をしてしまう人がいるようです。あっさりとした言い方の「そうですか攻撃」は禁物です。

受付者のだれもがお悔やみのあいさつをいえるように

　「相続手続の説明はいつも上司に引き継いでいるから、よくわからなくて……」などと、事務処理の引継ぎを理由に、あいさつまでないがしろにしてはいませんか。お客さまは、どの窓口に来るかわかりませんし、相続は日ごろの手続と異なりますから、どこへ行ってよいかわからず、ロビー担当者や後方担当者に声をかけてくるかもしれません。お悔やみのあいさつは全員がきちんといえるようにしておきましょう。

① お悔やみのあいさつをきちんという。
　「お悔やみ申し上げます」「ご愁傷さまでございます」など
② 亡くなったお客さまの生前の取引のお礼をいう。
　「これまでお取引いただき、どうもありがとうございました」
③ 来店したお客さまの、取引者との関係と名前を聞く。
　「おそれいりますが、お客さまは〇〇さまのご子息でいらっしゃいますでしょうか」
　「お客さまのお名前をお教え願えますでしょうか」
④ 今後の手続説明のご案内（取次ぎ）をする。

たとえばこんな応対を！

「父が亡くなったので、手続をしたいのですが（通帳を差し出す）」
担当「お預かりいたします。森山宏さまですね。この度は、お悔やみ申し上げます」
「おそれいります」
担当「お父さまのこれまでのお取引に御礼申し上げます。どうもありがとうございました。失礼ですが、お客さまは森山さまのご令嬢でいらっしゃいますでしょうか？」
「ええ、そうです」
担当「お客さまのお名前をお教え願えますでしょうか？」
「坂本と申します」
担当「坂本さま、おそれいりますが、フルネームで頂戴できますか？」
「坂本まゆみです」
担当「ありがとうございます。坂本まゆみさま、お父さまの森山さまの口座は、相続の手続をおとりいただきますので、あちらで書類などご説明申し上げます。どうぞ……」（手で指し示し案内する）
担当「どうぞ、お掛けください。ただいま担当を呼んでまいりますので、少々お待ちくださいませ」（上司のところへ行き、通帳を渡して……）
担当「森山宏さまが亡くなられて、お嬢さまの坂本まゆみさまがいらっしゃいました。相続手続の説明をお願いします」
（上司がお客さまのところへ行き……）
上司「坂本さま、大変お待たせいたしました。この度はお悔やみ申し上げます」（引き続き手続の説明をする）

2 窓口では？

(1) 無言でカルトンを差し出す!?

> ♪ピンポン、108番のお客さま5番の窓口へお越しください♪
> 「5番……。あっ、あの窓口ね。よいしょっと……」
> お客さまが近づいていくと、さっとカルトンを差し出すテラー。
> （動きが素早いのはよいけれど、声をかけるのは機械だけ!?）

「無言待ち」は×

「毎日さばくお客さまが多くて大変！　テキパキと処理しなくちゃ……」
「人数が減って大変なんだから、お客さまとお喋りしている時間はない」
　よく聞く台詞ですが、何かをしながらでも声かけや会話はできますから、「時間がない」「忙しい」は言い訳にすぎません。
　言い訳上手になって、お客さまに無言対応をしていませんか。

こちらから声をかける

　お客さまがカウンターに近づいて来たら、「いらっしゃいませ」「おはようございます」「こんにちは」「お待たせいたしました」など、皆さんから声をかけながらカルトンを出しましょう。「入金をお願い」などとお客さまが先に声をかけてくることのないように。
　カウンターでのあいさつは会話のきっかけです。

① 声をかけながら、音を立てないように両手でカルトンをていねいに差し出す。
　「いらっしゃいませ、お待たせいたしました」
② 続いて、皆さんからお客さまに用件を伺う。
　「本日はどのようなご用件でいらっしゃいますか」
③ 用件を復唱確認する。
　「はい、かしこまりました。○○でございますね」

(2) 通帳・現金は黙って手にとる!?

> 「きょうは、これを口座に入れてください」
> ──「かしこまりました」
> テラーは"ムンズ"と私の現金をつかみ、お札を数え始める。
> (思わず「私のお金なんです。もう少していねいに扱ってください……」といいたくなるのは、私だけでしょうか!?)

「無言取り」は×

　カルトンに乗った通帳・証書・現金などを預かるときに、無言で手にしていることはないでしょうか。自分ではていねいに手にとっているつもりでも、無言の動作では、お客さまには"ムンズ"とつかんでいるように、無愛想にぞんざいに扱っているようにみえてしまうことがあります。

お客さまのものを預かるときには「一言添えて」

　お客さまのものは、カルトンを使用して「ていねいに」受け取り、必ず動作に一言を添えましょう。
　「お預かりします」「拝見します」「確認させていただきます」など。
　ちょっとしたことばが、ていねいさを表します。動作と同時にいえるので、これにより事務効率が下がることもないはずですね。

現金その場限り

　現金は、お客さまの面前で確認するのは当然のこと。数え終わったら、
　　「確かに〇円をお預かりいたします」
　　「確かに〇円ございました。ありがとうございます」
など、確認が済んだ旨を告げましょう。周囲のお客さまに聞こえることを配慮して金額をいわないほうがよい場合は、
　　「確かにお預かりしました」
といえばよいでしょう。

カウンター離席時も「一言添え動作」

　私は、ある銀行でテラー失踪事件に遭遇したことがあります。
　その日、私がちょっと目を離している間に、確かに目の前にいたはずのテラーが消えたのです。びっくりして、周りを確認してから、隣のテラーに「こちらにテラーさんいましたよね？　どこかへ行かれましたか？」と尋ねました。突然人がいなくなる事件が頻発していた折でもあり、怖くなったのです。そのときに、いとものん気な声で「私ですかぁ？」とカウンター下から消えたテラーが現れたのでした。シャンシャン。
　そのテラーは、私が紹介して欲しいといった商品のパンフレットをカウンター下からとろうと、突然しゃがみこみ、探していたらしいのです。「パンフレットをご用意しますね」と一言かけてくれていたら、隣のテラーにまで迷惑をかけなくて済んだのですが……。

⑶ カルトンは逆さ向き!?

> ――「……どうぞお確かめくださいませ」
> 「ありがとう」
> 　通帳を手に取り、ふとカルトンをみると、「○○銀行」の文字が逆さ向き。
> 　（文字は、テラー向きにするものなの!?）

「逆立ちカルトン」は×
　カルトン上の文字が逆さになってはいませんか。文字が片側向きのカルトンの扱いには注意が必要です。

カルトンの方向は変えずに
　お茶を出すときには、茶碗の絵柄正面をお客さまのほうに向けて出します。カルトンも同様に、きちんと名前がお客さまのほうを向くようにしましょう。カルトンごと向きをくるくる回さず、カルトンは常にお客さま方向に一定にし、手続の終わった通帳をくるっと回してお客さま向きにしてからカルトンに乗せることを習慣づけてはいかがでしょうか。

カルトンの片付けも忘れずに
　お客さまが通帳を手にとったら、空になったカルトンをすぐに片付けることも忘れずに。いつまでも残しておく（置いたままにしておく）と、パンフレットを出して説明するときなどに邪魔になります。

カルトンはカウンター内側に準備する
　カウンター上にカルトンを積み上げておくと、お客さまが「ありがとね」などといってカルトンを片付けてしまうおそれがあります。「よくしつけられているお客さまですこと！」ということにならないように、場所があれば、カルトンは、カウンターの内側に置いておくほうが便利です。お客さま

が来たら出す、用が済んだら引くようにしましょう。

(4) 粗品はカルトンに乗せて渡す!?

> ――「本日は、たくさんのご入金をどうもありがとうございました。
> 　どうぞこちらをお使いくださいませ」
> そういって、テラーは粗品をカルトンに乗せて渡してくれました。
> （粗品ってカルトンの上に乗せるものなの!?）

「カルトン上の粗品」は×

　「粗品です」といいながら、うやうやしくカルトンに乗せていることはありませんか。また、新規口座開設の伝票などを渡すとき、皆さんはどのようにしているでしょうか。

粗品は直接渡す

　粗品はカルトンに乗せません。そのまま、
　　「どうぞお使いくださいませ」
などのことばを添えて、手渡しするか、カルトンの脇に差し出します。
　通帳の取引面にティッシュをはさんで渡す場合は、通帳をカルトンに乗せるからティッシュも一緒に乗ってしまうのであって、ティッシュ自体をカルトンに乗せようと意図しているわけではありません。注意しましょう。

伝票など銀行のものも直接渡す

　未記入の伝票も同様です。記入前のものはまだ銀行の帳票ですから、直接手渡しをしましょう。
　半面、お客さま記入後の伝票は、お客さまが取引の意志を表したものですから、カルトンを使い受け取ります。

(5) EQ番号札はテキパキ素早くボタンを押す!?

♪ピンポン〜、316番のお客さま7番の窓口へお越しください〜♪
（あらっ、316番のお客さまはいらっしゃらないのかしら？　待っている間に買い物にでも行かれたのかしら……？　仕方がないわ、次のお客さまをお呼びしよう）
♪ピンポン〜、317番のお客さま7番の窓口へお越しください〜♪
（あれ、もう317番？　私の番号は抜かされちゃったのかね。この銀行は順番に呼ぶからといって番号札をひかせるくせに、順番を抜かすのかねぇ!?）

「機械だけの呼び出し」は×

アイ・キュー（EQ）システムを導入している店舗が多くなりました。番号ボタンを押して呼んでもお客さまが窓口に来ないとき、皆さんはどうしていますか。すぐに次を呼ぶためのボタンを押していませんか。お年寄りなどは、呼び出しに気づいていないかもしれません。

お客さまを番号で呼ばない

「316番のお客さま」というように、お客さまに背番号をつけたのでは、失礼です。「私をモノ扱いするのかしら」と思われてはいけません。
お客さまのお呼び出しは、
　「316番の番号札をお持ちのお客さま」
　「316番でお待ちのお客さま」
などというようにしましょう。

自分の表情と声でお客さまに確認する

EQシステムで呼んでもお客さまが窓口に来ないときは、
　① ロビーのお客さまのほうに顔を向けてひととおり確認する。
　　「○番の番号札をおもちのお客さま、○番の番号札をおもちのお客

さま……、(少し待って) いらっしゃいませんでしょうか?」
② 次の番号を呼ぶ旨、告げる。
「次のお客さまをお呼びしますが、よろしいでしょうか」
③ EQボタンを押す。
♪ピンポン〜、△番でお待ちのお客さま□番の窓口へお越しください♪
④ 次の番号のお客さまを迎え入れる。
「△番の番号札をおもちのお客さま、大変お待たせいたしました。こちらの窓口へどうぞ」

(6) ペン先をお客さまに向けて!?

> ──「それでは、こちらの伝票にご記入をお願いできますでしょうか。どうぞお使いください」
> 渡されたボールペンは、ペン先がお客さまのほうを向いていた!?

お客さまに「とがったものを向ける」のは×

伝票記入時などにお客さまに貸すボールペン。その渡し方はいろいろです。なかにはびっくりするようなものもあります。

① 無言で、ボールペンをカウンターの上に置く。
「気づけよ！」ということなのでしょうか。
② 「どうぞお使いください」とカウンターにボールペンをポンと置く。
お客さまが受け取るのを待てませんか。
③ ボールペンを手渡ししてくれるが、ペン先がこちらを向いている。
尖ったもので刺すつもりですか。

ペン先を自分で持って両手でていねいに

ボールペンを差し出すときは、
① ペン先を利き手で握る。
② ペンの頭部をお客さまのほうへ向け、反対の手を添える。
③ 斜めのままお客さまへそっと出す。
④ 「どうぞお使いください」などの一言を添える。
⑤ 両手では届かないときには、利き手を残し、反対側の手はボールペンから離れてもよいので、動きに添える。

「一言添え動作」が効果的

動作に一言を添えるとていねいですし、何をしようとしているかが伝わりますので、お客さまは安心感をもてます。「どうぞお使いください」など、小さな声でよいのでことばを添えることを習慣づけましょう。

(7) 印章を預かる!?

> 「ハンコが曲がってしまいそうだから、代わりに押してくれない？」
> ──「はい、かしこまりました」
> テラーは、お客さまの印章をお預かりして代わりに押印しました。
> （どうせ手続後に通帳などをお返しするから、印章もそのときに一緒に返せばいいわね……!?）

「印章お預かり」は×

安易に印章を預かったり、代わりに押印したりしていませんか。預かった印章を落として、印章が欠けてしまったという話を聞いたことがあります。大切なお客さまの印章は、再発行というわけにはいきません。

押印はお客さまに

代筆禁止の原則と同様、押印もお客さまにしてもらうのが原則です。また、印章は、基本的に預かってはなりません。

やむをえず、代わりに押印するときは、
　① 受渡しにカルトンを使うか、両手でていねいに受渡しをする。
　② お客さまの面前で押印する。
　③ 押印箇所を、お客さまに確認してもらう。
など、取扱いに注意しましょう。

印章を拭くのは？

「使い終わったお客さまの印章を拭いて差し上げようとお預かりし、拭いている最中に落としてしまって、印章が欠けてしまったことがあります。こちらで拭かなくてもよいでしょうか？」という質問を受けたことがあります。

ティッシュなどをていねいに差し出し、「どうぞお使いくださいませ」と案内して、お客さま自身に拭いてもらえばよいでしょう。

(8) 手続に入るときは忙しそうに⁉

> ——「お手続をいたしますので、お掛けになってお待ちください」
> ということばの終わりは、もう下を向いたり、後ろを向いたり、端末に向かったり……。
> （私はまだ目の前にいるのよ。あと何秒か待てないの⁉）

「食い込み動作」は×

「尻切れトンボ」ならぬ「食い込み動作」になっていませんか。

「食い込み動作」とは、お客さまへの応対の途中で、伝票の補記をする、端末を叩く、後ろへものをとりに行くなど次の動作を食い込ませて先に始めることです。わずか1秒程度のことだと思いますが、そんなに効率化できるのでしょうか。

応対の最後までお客さまと向き合う

手続に入るときは、お客さまにロビーのソファに掛けて待ってもらう場合でも、そのままカウンター前で待ってもらう場合でも、

　「お手続をいたしますので、お掛けになって（そのまま）お待ちくださいませ」

などの声をかけて手続を行います。

その際は、声をかけ終わるまでお客さまのほうへ顔と身体を向けて応対をしましょう。

⑼ 後方との連携は黙ってサッと!?

> パッ、パッ！
> テラーと後方が、機敏にカルトンのやり取りをしています。声かけはありません。無言のままです。
> 忙しい時間帯になると、だんだん顔が険しくなってきて、なかなか迫力があります……。
> （声もかけ合わないのね。仲が悪いのかしら。なんだか険悪そう……）

「無言連携」は×
ロビーで待っている間に、事務室内の行職員の動きをみていると、その店の雰囲気が伝わってきます。テラーと後方、役席が無言のままやり取りしていると、仲が悪そうだなあと思うのは私だけでしょうか。余計なお世話だといわれそうですが、「仲が悪い⇒ミスが出る」と連想できるので、他人事ではありません。

ここでも「一言添え動作」を
忙しいときだからこそ、
　　① ミスを防ぐためにも、
　　② カルトンを放置したままにしないようにするためにも、
　　③ 雰囲気をよくするためにも、
声をかけ合って仕事をしたいものです。
　　① テラーから後方へ：「お願いします」
　　② 後方からテラーへ：「手続できました。お願いします」
などの声かけをして、連携しましょう。行職員同士がニコっと笑顔で受け渡しをしているのをみると、ロビーで待っているこちらも、安心感をもてますし、よい気持ちになります。

⑽　通帳をもったまま!?

　――「赤石さま、赤石修一さま。お待たせいたしました。本日は５万
　　円のご入金ですね。どうぞお確かめくださいませ」
　そういいながら、テラーは通帳をもったまま。
　（ちょ、ちょっと！　通帳返してくれないの？　それじゃあ確かめら
れないじゃない!?）

「通帳独占」は×

　手続が終了したのに、通帳をもったまま離さず、なかなか返してくれない
テラーがいます。おそらく、そのテラーは、この後、通帳を読んだ内容をも
とにセールスをしたいのでしょう。その意気込みはわかります。しかし、
「私の通帳なのだから早く返してください！」というお客さまは少なくあり
ません。

セールスのきっかけをつかんで通帳は最初に返却

　まず、手続中に通帳を読み、セールスのきっかけを頭に入れましょう。そ
うすれば、安心してお客さまに通帳をお返しできるはずです。お客さまの面
前で通帳を何ページもめくりながらジロジロみるのは、やめましょう。

① 通帳を読み、セールスのきっかけをつかんでおく。
② お客さまの手元まで、通帳をカルトンに乗せて差し出す。
③ お客さまの確認を促す。
　「お確かめください」「ご確認ください」など
④ 頭に入れておいた通帳内容をきっかけに話しかける。
　「お給料のお受取りをありがとうございます。お積立ては、どちら
　かでお始めでいらっしゃいますか？」など
⑤ もう一度通帳をみたくなったら、お客さまにお願いする。
　「一緒に通帳を拝見してもよろしいでしょうか？」
　「もう一度通帳を拝見してもよろしいでしょうか？」など

Ⅰ　態度・動作編

(11) パンフレットは指さし確認!?

> ——「こちらのパンフレットをご覧ください」
> パンフレットをお客さまのほうに向けて差し出す。
> ——「初めに、こちらにございますように……。次に、こちらを……」
>
> (「こちら」「こちら」と指でささなくてもわかりますけど!?)

「指さし」「ボールペンさし」は×

　お客さまの通帳やパンフレットを、指やボールペンでさしていませんか。
　指さしは幼稚な感じにみえてしまいますし、ボールペンではていねいさに欠けます。

手のひらで指し示す

　モノを指し示すときは、手の指を揃えて伸ばすときれいにみえます。
　「こちらにご記入ください」「こちらをご覧ください」
などのことばを添えて、指しましょう。
　もちろん、お年寄りなど、しっかりと場所を示さないとわからない場合には、指さしたり、ボールペンで○で囲んだりします。

パンフレットはお客さまの近くに差し出す

　パンフレットはお客さまがみやすいように、カウンターの前のほうまで差し出します。そのときに、カルトンの上に乗せたり、お客さまの通帳の上にかぶせたりしないように注意しましょう。
　時々、テラー寄りに置いて説明したり、横にして一緒にみたりする人がいますが、「自分もよォくみないと説明できません。まだ商品をきちんと把握していないので」といっているように感じます。
　当然のことですが、お客さまに提示するパンフレットは、事前にしっかりと読み、内容を把握しておきましょう。

3 ロビーでは？

(1) ロビーはお客さまだけのエリア!?

「銀行は、お客さまエリアのロビーと行職員エリアの事務室とをカウンターで分けているので、行職員は専門のロビー担当者を除いては、ロビーに立ち入らないこと」

こんな規則があるのでしょうか!?

「ロビーに足を踏み入れない」は×

皆さんは「この数カ月、営業時間中にはロビーに出たことがないなあ」ということはありませんか。研修などで、どんなに話をしても、絶対にロビーに出ない根性（？）のある人たちもいます。

「お客さま目線」でみよう

ロビーは、お客さまとロビー担当者だけの城……と思っていてはいけません。ロビーに出て、お客さまの目線で店内をみれば、気づくことがたくさんあるはずです。

① ソファに座ったときに、なにが目に入るか
② 事務室内の雑然とした様子がみえていないか
③ 行職員の態度や行動で気になることはないか

など、ロビーから定期的にチェックしましょう。

以下は、ロビーに出る事例です。ぜひ真似してください。

① ロビーチェック

昼休みに入る前（もしくは昼休み終了後）に、当番テラーがロビーに出て、乱れたパンフレットや伝票、ボールペンなどを直す。

「『いらっしゃいませ』とソファのそばで声をかけながら行うと、お客さまが気楽に質問をしてくださるので、身近な触れ合いのよいチャンスになっています」「お客さまが何をしながら待っていらっしゃる

Ⅰ 態度・動作編　33

かをみて、あらためてお客さまの心理的待ち時間を減らす工夫をしようという気持ちになりました」という意見がありました。

② ロビーセールス

テラーがロビーに出て、セールスをする。

「一日中ロビーセールスを行うのは大変なので、当番制で2時間ずつロビーに出て活動をするようにしたら、精神的な負担も軽減し、やりやすかったです」「最初は、ロビーで営業をするのは嫌だったけれど、やってみると実績が上がるので、ビックリしています。ソファの隣に座って話すと、カウンターでの対面位置よりも、お客さまが親近感をもってくれ、話しやすいようですね」というテラーの感想を聞きました。

また、比較的余裕がある日のみ、ロビーセールスを実施しているという金融機関もありました。

③ ロビーあいさつ

朝一番でお客さまを迎え入れるときには、テラーは全員立ち、後方の役席者（支店長含む）は、ロビーに出てあいさつをする。

「お客さまは、少し照れくさそうに来店されますが、喜んでくださいます」と、お客さまの感想を教えてくれた人がいます。

新型店舗

最近では、カウンターで仕切られたエリアではなく、お客さまもテラーも同じフロアで対応する新型店舗が増えてきました。お客さまへ近づくことの重要性がわかります。

店舗構造をすぐに変えるのはむずかしいものですが、人が動くことによって、同じような効果を得られるはずです。

⑵　ロビーはキビキビ小走りに!?

「これはどうやって書くのですか？」
──「はい、こちらは……」
「すみませーん、これどうやるんですか？」
──「少しお待ちください」
バタバタと走って駆けつける。
──「あ、あちらのお客さまも迷っている様子だわ。すぐに行かなく
　　ちゃ」
バタバタバタ……。
（ロビーを慌ただしく走っても、そんなに速いわけじゃないと思うけれど!?）

「ロビーを走る」のは×

　こちらのお客さまの伝票記入サポート、次にあちらのお客さまに番号札の案内、そして向こうではお客さまがキョロキョロ迷っているからフォローしなければ……。

　目配りができるロビー担当者は、1日がとても忙しいもの。気づくからこそ、あちこちのお客さまにアプローチしたり、伝票やパンフレットの乱れを直したりと忙しいわけですね。しかし、ロビーを走る必要はあるのでしょうか。

早足歩きで十分

　多少走ってもそんなに早くはなりません。むしろ、お客さまにぶつかったり、ものを落としたりしては大変です。それに、バタバタとしている人がいると、ロビーが慌ただしい雰囲気になってしまいますね。

　走るほど熱心なのは評価しますが、ここはあわてず歩きましょう。急いでいるときは、まずは早足歩きで、そしてお客さまに近づくにつれ歩く速度を落としていくと感じのよい応対になります。

(3) お客さまの前を通るときはペコペコお辞儀⁉

> ──「どうぞ、こちらへ」
> （お客さまをご案内するには、ロビーのソファに腰かけているお客さまの前を通らなければ……。お辞儀、お辞儀）
> ペコペコ、ペコペコ……。
> （そんなに何度もペコペコ頭を下げながら歩くのは変ですが⁉）

「ペコペコお辞儀」は×

　お客さまの前を通るときには、きちんとあいさつして通りたいですね。しかし、あまりペコペコすると、卑屈な感じがしますし、格好が悪いです。どうしたらよいかわからないからと、ついつい何度も頭を下げていませんか。

1回のお辞儀をていねいに

　ロビーを歩くときには、基本的にお客さまの前を横切らないように配慮します。それでも、別のお客さまをお連れするときや、ソファの配置上、どうしてもお客さまの前を通らなければならない場合があるでしょう。
　あいさつは、以下のようにします。
　　① 横切る前に軽く止まる（両足を揃える）。
　　② お客さまに軽く会釈をする（深々と頭を下げなくてもよいので、下で一度止める会釈をする）。
　　③ 会釈をした後は、普通に歩く。
　ペコペコと中途半端なお辞儀を何度もすると、卑屈な印象になります。ていねいなお辞儀をきちんと1回するほうがきれいですし、落ち着いた信頼できる印象を与えます。
　「きちんと」という印象は、「動作の止め」から出てきます。お辞儀の前に一度足を揃えて立ち止まることを忘れないようにしましょう。歩き始めるときには、後ろにいらっしゃる案内するお客さまのほうを向き、誘導する合図をしましょう。

⑷　ソファのお客さまには後ろから声かけ⁉

　（あちらでお待ちのお客さま。ずいぶんお待ちだわ。一度声をかけたほうがよいわね……）
　そう考えたロビー担当者は、お客さまに失礼がないように、後ろから近づいて声をかけた。
　──「お客さま、お待たせしております」
　（うわ、びっくりした！　後ろから急に声をかけて驚かせないでよ⁉）

「背後声かけ」は×
　だれでも、背後から急に声をかけられたらびっくりします。にもかかわらず、背後からの声かけは意外に多いものです。
　前に出て話しかけると、失礼にあたると考えるのでしょうか。それとも、ロビーの中央に出て、カウンターとの間をさえぎるのが悪いと思う人が多いのでしょうか。

斜め前から目線を合わせてアプローチ
　そんなに控え目に考えないで、お客さまへの話しかけは、顔のみえる位置で行いましょう。「失礼があるのでは」と配慮するのは立派です。しかし、配慮が逆効果にならないように、以下のようにしましょう。
　①　話しかけたいお客さまの斜め前に出る（歩み寄るときには普通に歩いていけばOKです！）。
　②　ソファに掛けているお客さまの目線に合わせて、中腰またはしゃがむ（立ったままでは見下ろしてしまうので）。
　③　話しかけの合図のことばを投げかける。
　　「失礼いたします」
　　「お待たせしております」
　　「お待ちの時間にお話しさせていただいてもよろしいでしょうか」

(5) 記帳サポートはお客さまに寄り添って!?

> 「すみません、これはどうやって書くのですか？」
> ──「こちらですね。書き方は……」
> （親切に教えてくれるのは嬉しいのだけれど、そんなに身体を近くに寄せなくても……。私は、まだそんなに年寄りじゃないのだから、ことばでいってくれればわかるんですけれど!?）

「身体密着」は×

　親切でお客さまへの愛情溢れるロビー担当者のなかには、お客さまに近づきすぎ、身体に触れてしまう人がいるようです。伝票記入例の説明時など、皆さんはどうしていますか。

　身体がくっつくほどお客さま寄りのロビー担当者には、優秀な人が多いようです。お客さまに近づいていきたいという気持ちの表れなのでしょう。つい、してしまいがちなのは、肩に手を置く、背中に手を添える、腰に手をやるなどです。

身体は離して、心は密着！

　しかし、心理的にお客さまに近づきたいのと、身体が近づくのは別です。お客さまの身体には、なるべく触れないように注意しましょう。

　タクシーの運転手は、泥酔した乗客の身体に触れる際、セクシャルハラスメントやスーツの財布に手を伸ばしたなどの誤解がないよう注意しているようです。タクシーの運転手ではないけれど、われわれも同様の配慮が必要です。

　礼儀をわきまえ、節度ある動作に努めましょう。

⑹　お客さまのものは何でもおもちする!?

　——「どうぞ、こちらへ……。応接室にご案内いたします」
と案内された際、
　「お荷物、おもちしましょうか？」
と、ロビー担当者は私のカバンをサッと手にとって、もっていった。
　（嬉しいような、不安なような気持ちになるのは、私だけでしょうか!?）

「ひったくりもち」は×
　何でもお客さまのために手助けをするという気持ちは大切です。ただし、無言のまま手早くバッグをもって、「あなたがもった後、バッグの中の○○がなくなっていたわ」などといわれる危険性はないでしょうか。

荷物運びをサポートするときは
　原則として、お客さまの荷物はお客さまにもっていってもらったほうが安全です。しかし、それでは、移動に難儀しているお客さまを手助けすることができません。
　移動をお手伝いする必要があるときは、
　　①　貴重品が入ったものは避ける（傘など支障がないものにする）。
　　②　「お手伝いいたしましょうか」「おもちしてよろしいですか」など、お客さまに一声かけ、承諾をとってからもつ。
　　③　通帳などをもって移動することが必要な場合は、（カルトンに乗せられればカルトンに乗せ）、胸の高さでていねいにもつ。
などの配慮をします。

(7) ATM案内はおっくうそうに!?

> 「すみません……。ATM操作がうまくいかないんですけれど」
> ──「そうですか、少しお待ちください」
> （何だか、迷惑そうな顔……。テラーはキョロキョロして、対応してくれそうな人を探しているのかしら？）
> ──「ATMのご案内お願いします」
> （だれもが、忙しそうにしていて反応しない。聞こえないふり？）
> ──「柳沢さん、ATMのご案内をお願いします」
> ──「はぁい、わかりましたぁ」
> （この人、いやいや出てきたのかしら!?）

「面倒臭そうな態度」は×

担当者が思っている以上に、お客さまは敏感です。テラーの声かけを無視したり、名指しで依頼されて「忙しいのに〜」という素振りをみせていやいや出てきたりしていませんか。

後方などが出てくるときに「忙しいのに嫌になるわ」という顔つきだと、「こんな人に案内されたくないわ」と思ってしまい、思わず名札をチェックしてしまうというお客さまもいます。

また、控え目なお客さまならば「忙しいのに悪いわね」と恐縮してしまい、「ここの銀行員を頼るのはやめよう」などと諦めてしまうことも考えられます。ロビーで急に笑顔になっても、もう手遅れです。お客さまは、内部のやり取りをよくみていますので要注意です。

気持ちよく応対に出る

いやいや出ても、気持ちよく進んで出ても、対応時間は変わりません。それならば、さっと進んで行ったほうが、お客さま応対としてよいのは当然のこと、自分自身も気持ちよく仕事ができます。

「私が、ご案内します」などと応えて、さっとロビーに出て行きましょう。

⑻　ATMへの案内はお客さまの後ろから⁉

>　――「申し訳ございません。ただいま窓口が混み合っておりまして、時間がかかりそうです。こちらは機械でもお手続できますので、そのほうが早いと思いますが、いかがですか？」
>　「でも、やり方がよくわからないし……」
>　――「ご説明いたしますので、ご心配はいりません」
>　「ありがとう。お願いするわ」
>　（でも、あなたが私の後ろから来るなんて。私が誘導係なの⁉）

「後追い案内」は×

　キャッシュコーナーや応接室などへお客さまを案内するときに、お客さまの後を歩いていることはありませんか。あなたが、控え目にお客さまの後ろにいたのでは、お客さまはどこに行ったらよいかわかりません。

　意外にも苦手としている人が多いのが、ご案内動作です。

先を歩いて案内

　お客さまをご案内するときには、
　① 行く方向を手で大きく指し示す。
　　・目的地に近いほうの手で指すときれい
　　・目的地がどこかわかりにくいときには、身体をクロスさせるように遠い方の手で指すとわかりやすい
　② 先に立って案内する。
　　・まず「ご案内いたします」といい、お客さまに準備してもらう
　　・お客さまの半歩先を、身体を斜めにお客さまのほうに向いて歩く
　③ 途中で、他のお客さまの前を通るときは、会釈をする。
　　・お辞儀の前に、両足を揃えて一瞬止まるとていねい
　　・何度もペコペコとお辞儀をしながら歩かない（「ながら動作」をしない）

④ ATMの前に行ったら、機械の前に進むように促す。
　・「どうぞ機械の前にお進みください」（ここで、お客さまに追い越させる）

邪魔にならない操作案内

　ATM操作のアドバイス時に、ずっとそばでみていると「私の情報をみないでよ」と不愉快に思うお客さまもいますので要注意です。状況対応が必要なむずかしい場面ですが、お客さまの理解度を察知して対応しましょう。

⑤ 斜め脇から手順を説明する。
⑥ 「よろしければ入力をお願いします」などといい、一歩後ろに下がる。
⑦ お客さまが不安そうなら、「こちらにおりますので、いつでもお声がけください」と声をかける。
⑧ わからなそうだったら、「一緒に操作をしてもよろしいでしょうか？」と承諾を得てから操作のお手伝いをする。

⑼ 15時になったら素早くシャッターを下ろす⁉

（閉店時間になったわ。シャッターを下ろさなければ……）
自分の役割に責任をもつ担当者は、シャッターを閉めに行った。
♪ガラ、ガラ、ガラ……♪
（あらっ、私の受付はまだなのに、もう閉店？　混んでいるから仕方ないけれど、ずいぶん待たされたわね。でも、ロビーにいる客を残して、もう閉店作業なのかしら⁉）

「お客さま無視のシャッター下ろし」は×

時間に正確に、自分の仕事をまっとうしようという意欲は買います。しかし、ロビーにいるお客さまの存在を無視するように、事務的にガラガラとシャッターを閉めていませんか。

一言ご案内をしてから閉める

ロビー内のお客さまに配慮して、一言声をかけてからシャッターを下ろしましょう。

「3時になりましたので、シャッターを閉めさせていただきます。ロビーのお客さま、お待たせしておりまして、申し訳ございません。お手続がこれからのお客さま、お手続中のお客さまなどは、こちらの出入り口をお使いくださいませ」

などのご案内をしましょう。

⑽　入口付近に仁王立ち!?

> 　ロビーに入ると、「いらっしゃいませ」のさわやかな声が聞こえてきた。
> 　(あいさつを聞くと、やっぱり気持ちいいわね……。きょうは待ち時間に商品パンフレットをもらって、もうすぐ満期がくる定期預金をどうするか考えなくちゃ……)
> 　(ロビーには、パンフレットをあんまり置かないのかしら。あ、入口のところにもパンフレット立てがあるわ。もらって来ようっと……)
> 　――「いらっしゃいませ」
> 　(あいさつをしてくれたのは嬉しいんだけれど、あなたが邪魔でパンフレットがとれないんですけれど!?)

「仁王立ち」は×

　お客さまから質問をいただいたり、声をかけてもらったりしているうちはいいけれど、何となく手持ち無沙汰になっている瞬間がありませんか。仁王立ちとまではいかなくても、ずっと一箇所に立って何をするでもない状態が辛いなんて思っていることは、ありませんか。

ロビー管理

　ロビーでは、記帳台やパンフレット・雑誌の整理、ATMの案内と、本来は忙しいはず。伝票、ボールペンやパンフレットの乱れに気がつかないで、もしくは、気づくのを避けて、ただただ立っているようではいけません。

お客さまへの声かけ

　ロビー担当者により大きく差が出るのは、お客さまへの声かけです。
　「このロビー担当者は、客から声をかけないと、絶対にアクセスしてこないな」と感じることがあります。ただ「いる」という状態なのです。これではもったいないですね。

① キョロキョロしているお客さまには、
　・「いらっしゃいませ」と声をかける
　・「よろしければ、ご用件を承りますが……」といい、案内する
② 長くお待ちのお客さまには、
　・「お待たせしております」と声をかける
　・「もう、すいぶんお待たせしておりますね。申し訳ございません。ただいま手続の様子を確認してまいります」といい、テラーなどに手続の進行状況を確認する
　・「お待たせしております、まもなくできるようです。テラーがお呼びいたしますので、もう少々お待ちくださいませ」
　・「お待ちの時間にこちらをどうぞ」などといい、キャンペーンパンフレットなどを手渡す
　・必要に応じて、パンフレットの内容を説明する
　・テラーが呼んだら「お待たせしました。どうぞ」と窓口へ促し、「ただいま、こちらのパンフレットをご案内したところです」などといい、テラーにつなぐ
③ パンフレットをみているお客さまには、
　・少し様子をみる（すぐに声をかけると、お客さまが自由にパンフレットをみることができない）
　・「お探しのものはございましたか？」「何かお探しでしょうか？」など声をかける
　・商品によっては、「よろしければ担当から案内させますので、お話だけでもいかがですか？」などと声をかけ、テラーにつなぐ

お客さまが何をしたいのかなどに気を配れば、できることはたくさんあるはずです。

4 訪問先では？

(1) 脱いだ靴の向きはそのまま!?

> ――「こんにちは」
> 「こんにちは。まあ、どうぞあがってください」
> ――「ありがとうございます。それでは、失礼いたします」
> 「どうぞ」
> (あらっ、この人、あいさつはいいけれど、靴はそのままにしてあがるのね!?」)

「脱ぎっぱなし」は×

お客さまの家で、家にあがることを勧められたとき、靴の向きをそのままにしていることはありませんか。基本中の基本ですから、常識を疑われてしまいます。

あがってから向きを揃える

ときどき、後ろ向きになって靴を揃え、そのままの向きであがる人がいますが、これは失礼な動作です。おっくうがらずに、前をみてあがり、その後振り返り腰を落として、靴の向きを揃えましょう。

靴底や靴下は大丈夫？

靴を脱いだときに、内底が取れ始めていたり、汚かったり……ということはありませんか。靴を大切に長く履くのはよいことですが、汚くなったら、内底だけでも替えましょう。

また、靴下も清潔なものを履きましょう。夏は足も汗をかきやすいですから、臭っていないか自己チェックし、昼休みなどに替えの靴下に履き替えるようにしましょう。

また、お客さまの不幸で通夜や葬式に行くときなどに備えて、黒い靴下と

白い無地のハンカチを用意しておくと、便利です。

コートや上着は……
　また、訪問前には以下のチェックも必要です。
　　①　身だしなみ
　　　・冬の寒いときに、コートやマフラー、手袋などをしていた場合は、玄関前（建物に入る前）で脱いでおく
　　　・夏の暑いときに、上着を脱いでいた場合は、着用する
　　　・雨の日などは、濡れた服や鞄で椅子などを濡らさないように、タオルを用意して拭く
　　②　携帯電話
　　　・マナーモード（または電源OFF）にする
　　③　濡れた傘
　　　・玄関やロビーの傘立てを借りる
　　　「傘立てをお借りします」
　　　・玄関に傘立てがないときは、承諾を得てから玄関先に立てかける
　　　「傘をこちらに置かせていただいてよろしいでしょうか？」
　　　（濡れた傘を入れるビニール袋などをもって歩けば、お客さまに迷惑をかけずに、折りたたみ傘を鞄にしまうことができます）

煙草は……
　どんなにヘビースモーカーでも、客先での喫煙は厳禁です。また、客先を出て、すぐ道で"シュパッ"とライターで火をつけてくわえ煙草をすることもやめましょう。

(2) 座布団や椅子にはサッサと座る!?

> 依田さん宅では、訪問時には茶の間に通してくれる。いつもこぎれいにしている奥さまだ。座卓の上はすっきりと片付いているし、座布団がきれいに並んでいる。
> 「どうぞ、お入りください」
> ――「お邪魔します」
> そのまま、入っていき、座布団の上に座った!?

「勝手に座る」のは×

「いずれ座る座布団だから……」と、勧められる前にちゃっかりと座布団を使っていませんか。

勧められてから座る

座布団には、「どうぞお使いください」と勧められてから座ります。勧められるまでは、座布団の手前もしくは脇に正座をして待ちましょう。

万が一、お客さまがこちらに勧めてくれることなく、自分だけ座布団の上に座ったら、「失礼します」と一声かけてから、正座のまま座布団に寄って座ります。

よく訪問しているお客さまで、座布団は勧めてくれないだろうとあらかじめわかっている場合は、初めから「座布団をお借りいたします」と声をかけて借りればよいでしょう。

座布団や畳の縁、ふすまの敷居を踏まないように

お客さまの家のなかを歩くときには、座布団の上を踏まないように気をつけましょう。畳の縁やふすまの敷居も踏まないで歩くのが、正しいマナーです。

「鞄の椅子の上置き」は×

　また、カバンを、応接やダイニングの椅子の上に置いたり、玄関先の商談のときは上がり口に置いたりしないように、注意しましょう。鞄は、床に置くのが原則です。お客さまが椅子などを使うように勧めてくれた場合は、「おことばに甘えて失礼します」などといってから使えばよいでしょう。

(3) お茶はすぐにゴクゴク飲む!?

> 小川さん宅は、訪問時にはいつもお茶を出してくれるお客さまだ。
> 夏の暑いときには冷たい麦茶、冬は「寒かったでしょう」といって、ミルクコーヒーを出してくれるのだ。砂糖をちょっと入れたほんのり甘いミルクコーヒーが好きだと知って以来、冬の定番となった。
> きょうも、いつものようにミルクコーヒーが出てくるなりゴクゴク。「ああ、おいしい」!?

「先飲み」は×
出されたものをおいしそうに食べたり飲んだりするのはよいことですが、勧められる前に飲んでいませんか。

お茶は勧められてから
出されたお茶は、勧められてから飲みましょう。万が一、勧めてくれないときには「いただきます」とあいさつをしてから飲みましょう。

飲みたくないときは……
夏の訪問時など、あちらでもこちらでも冷たい麦茶、外に出ると肌を刺す陽射し……で、お腹がゴロゴロしてくることがあります。気を利かせて冷たい飲み物を出してくださるのは嬉しいけれど、かえって辛いということもあるでしょう。

そんなときには、「いただきます」と声をかけて、一口だけ飲みましょう。無理して全部飲まなくても、気持ちが伝わればよいと思います。

こちらが接待するときは
支店の応接室などで、こちらがお客さま接待をするときには、部下や同僚の出してくれたお茶を「どうぞ、熱いうちにお召し上がりください」などとお客さまに勧めてから自分も口にします。

(4) 名刺交換はテーブル越しに!?

――「私、このたび、こちらを担当させていただくことになりました山川と申します。どうぞよろしくお願い申し上げます」
そういって、テーブル越しに名刺を差し出しました!?

「テーブル越しの名刺出し」は×

客先で名刺を差し出して自分を名乗るとき、名刺交換のときなど、応接や会議室のテーブル越しに名刺を出していませんか。

名乗るときには……

名刺は、身体全体がみえる位置で差し出すのが原則です。

① 名刺の準備
・名刺入れに上下逆さに入れる(出してそのまま使えるように)
×→定期入れ、財布に入れる

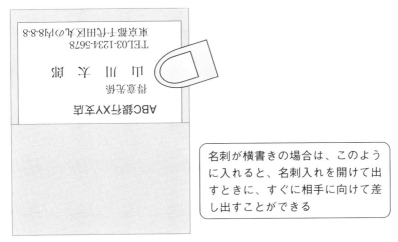

名刺が横書きの場合は、このように入れると、名刺入れを開けて出すときに、すぐに相手に向けて差し出すことができる

・名刺入れは、上着の内ポケットやバッグに入れる
×→上着の外ポケットに入れる

② 名刺の出し方

- 常に相手より先に差し出すよう心がける（目下から目上へ差し出すのが原則。相手が二人以上の場合は、先に目上の人へ差し出す）
- 名刺を名刺入れの上に準備して、両手で胸の高さにもつ
- 相手が、名刺を出している最中ならば、準備が終わるまで待つ
- 応接や会議室のテーブルの脇に出る
- 「私、○○銀行○○支店の○○と申します」などと名乗り、相手が受け取りやすい位置にすっと名刺を差し出す

③ 名刺の受け方
- 軽く会釈して、「ちょうだいいたします」と一言添え、両手で受け取り、名刺入れの上に乗せる（相手の会社名・ロゴや名前に指がかからないように注意）
- 受け取ったら、すぐに相手の名前等を確認する
「○○会社の△△様ですね。どうぞよろしくお願いいたします」
- 読み方のわからない漢字などは確認する
「○○さまとお読みしてよろしいでしょうか」
「失礼ですがお名前はどのようにお読みするのでしょうか？」
- 受け取った名刺は、名刺入れの上に乗せたまま、商談をするテーブルの端に置く（商談の邪魔にならない位置。複数受け取ったときは、テーブルの席順に並べておくと、商談中に確認できて便利）

5 応接室では?

(1) 応接室への入室はいつでもお客さまが先!?

担当「支店長、お約束の松本さまがご来店になりました」
支店長「そうか、それじゃあ応接室にお通ししてくれないか」
担当「はい、かしこまりました」
お客さまのところへ戻り、
担当「松本さま、お待たせいたしました。応接室へご案内いたします。どうぞ、こちらへ」
松本「ありがとう」
支店の応接室のドアは押し開き。ドアを向こうへ押して開けて、
担当「どうぞ、お入りくださいませ」
(ちょ、ちょっと。あなたがドアを押さえて入口手前で待っていると、邪魔で入りにくいんですけれど!?)

「いつでもお客さまが先」は×

お客さま優先の気持ちをもつのはよいことですが、いつでもお客さまを先にするのが優先になるわけではありません。応接室、会議室などのドアの開き方を意識していますか。「手前開き」「押し開き」、それぞれのドアのご案内方法は確実ですか。

ドアの開閉は……

① 入室前に
　・必ずドアをノックする(空室だと思っても念のため。だれかが暗い中で休んでいる……ということがあっては大変です)
② お客さまを応接室に通すとき
　・手前開き……ドアを引いて開け、開いた扉の所に立ってお客さまを先にお通しする

・押し開き……ドアを押して開け、自分が先に入りお客さまをお通しする

手前開き

押し開き

③　お客さまが応接室から出るとき
  ・手前開き……ドアを引いて開け、開いた扉の所に立ってお客さまに先に出ていただく
  ・押し開き……ドアを押して開け、自分が先に出てお客さまにも出ていただく

エレベータの案内は……
  ・乗り降りは、お客さまや上司・先輩を優先する（複数のお客さまを乗せるときは、先に自分が乗って「開」ボタンを押す）
  ・エレベータを待つときは、扉の少し脇に寄って立って待つ
  ・待っているとき、乗っているときは私語を慎む
  ・エレベータ内の行き先ボタンが左右どちらについているかを把握しておくと案内をスムーズに行える

廊下では……
  ・廊下の中央はお客さまが歩くところ。端を歩く
  ・原則は右側通行。角はぶつからないように注意する
  ・上司やお客さまとすれ違うときは、脇に寄って会釈をする
  ・先を急いでいるときは、会釈をしながら「失礼いたします」といって追い越す
  ・お客さまが行き先に迷っていたら、行き先を確認してご案内する

階段では……
  ・お客さまが上って来たときは、同じ段で会釈する（見下ろして会釈しない）
  ・降りるときには、ヒールの"カンカン"という大きな音が出ないように注意する

(2) お客さまが肘掛椅子!?

> ——「お入りくださいませ」
> 「ありがとう」
> ——「支店長の星野はすぐに参りますので、どうぞ奥のほうからお掛けになってお待ちくださいませ」
> (おっ、ここの応接室は肘掛椅子が奥に配置してあるが……!?)

「肘掛椅子にお客さま」は×

「ソファよりも肘掛椅子のほうがどっしりと座れそうだから、こちらにお客さまを案内して……」なんて思っていませんか。

応接室の配置

応接室の椅子の配置と案内は、以下のとおりです。

・入口から遠い場所が上座

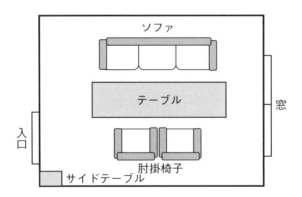

・ソファは上座に配置しお客さま用に。肘掛椅子は下座に配置し内部の人用に

⑶ お茶はたっぷりサービスを!?

> 担当「支店長、お客さまを応接室にご案内いたしました」
> 支店長「ありがとう。すぐに行くから、お茶を出しておいてくれるかな?」
> 担当「かしこまりました」
> (お茶は、たっぷりとサービスしなくっちゃ……!?)

「なみなみお茶」は×

お客さまに「おいしいお茶をたくさん召し上がっていただきたい」という心意気は買いますが、なみなみと茶碗に注がれたお茶は、運んでいるときにこぼれやすい、お客さまがもつときに熱いので扱いがむずかしいほか、品がない印象になってしまいます。

お茶の入れ方

基本的なお茶の入れ方は、以下のとおりです。

① お茶の温度
- 煎茶……………………80℃前後のお湯(上茶は70℃)
- 玉露……………………60℃前後のお湯
- ほうじ茶、番茶……沸騰したお湯

② 茶葉の量
- 煎茶の場合「一人分(スプーン1杯)×人数分」が目安

③ 注ぎ方
- 急須にお湯を注いでふたを閉め、約1分待つ(煎茶)
- お湯の量と濃さが均一になるよう、人数分を廻し注ぎする
- 注ぐ目安は茶碗に7〜8分目まで
- 寒い日などは、急須や茶碗はあらかじめ熱いお湯で温めておく

Ⅰ 態度・動作編

お茶を運ぶときは……

① お盆の上に、茶碗と茶托を別々に置く（茶碗を茶托にのせて運ぶと、お茶の熱で茶托と茶碗はくっついてしまうため）。

② 布巾をお盆と手の間に挟み、お盆は胸の位置、体の正面よりやや横にずらして両手でもつ。

③ 応接室に入る前は、ドアをノックする。

④ 応接室に入ったら、「失礼いたします」または「いらっしゃいませ」とあいさつして会釈する。

お茶の出し方

① 基本動作
- 上座のお客さまから出し、応対者には最後に出す。
- 原則としてお客さまの右側から出す。状況によりお客さまの邪魔にならない方向から出す（出す位置は、お客さまの正面やや右寄り）。
- 茶碗がワンポイント柄のときは、飲み手の正面に柄が来るように。
- 茶托に木目があれば、木目が横になるようにする。
- 茶碗のふちに指が触れないよう注意する。

② お茶を出す直前
- サイドテーブルがあれば、そこにお盆を置いて、茶碗を茶托に乗せる。
- サイドテーブルがないときは、片手でお盆をもったまま、お盆の上で茶托に茶碗を乗せてから出す。

③ お茶を出す、その時
- 両手で茶托をもち、「どうぞ」と軽く会釈して出す。
- テーブルに書類が広がっているときは、勝手に書類などを動かすことはせず、「失礼いたします」と声をかける。

④ お茶を出したら
- 出し終えたらお盆を左脇につけて、表（おもて）が外側になるようにもつ。

⑤ 応接から出る時

- ドアの前で「失礼いたしました」といって会釈し、退出する。
⑥ 一人で出すのがむずかしいとき
- 二人組でお茶出しをする。
- 一人がお茶を乗せたお盆をもち、もう一人がお盆からテーブルにお茶を出す。

(4) 応接室にお茶碗が残っている!?

――「応接室にご案内いたします。(手で方向を指し示して) こちらへどうぞ」
「はい」
♪トン、トン♪
(あらっ、前のお客さまのお茶碗が残っているみたいね!?)

「片付け忘れ」は×

お客さまを応接室へ案内したら、前のお客さまのお茶碗や汚れた灰皿がそのまま……などということはありませんか。「ついつい片付け忘れて」という台詞がよく聞かれます。

片付けはチームワークで

応接室にお茶を出した後は、後方の仕事などに戻るわけですから、いつお客さまが帰るか見張っているわけにはいきません。

そこで、お客さま応対をする上司などに、「終わったら一声をかけてください」とお願いしておきましょう。このように、片付けはチームワークよくやらないと、「ついつい忘れて」になってしまいます。

日常の準備

その他の応対準備も万全に。日ごろから、お盆、茶托、茶碗、布巾などが整っているか確認をしておきましょう。茶碗が欠けたり、ヒビが入ったり、汚れたりしていませんか。

茶碗は来客・応対者とも同じものが何組あるかを確認しておくと、大勢の来客のときにとまどわないでしょう。

6 店づくりは？

(1) パンフレット設置場所には無関心!?

「あの、○○っていう投資信託のパンフレットをもらいたいんですけれど」
　——「○○ですね。えっと……」
「ロビーにあれば、自分でとりますから。どこにあるかしら？」
　——「ロビーに出ているはずなんですけれど、どこにっていうと……」
（この人、場所がわからないのかしら？）
　——「よろしければ、こちらでご案内させていただきますが……」
「きょうは時間がないのでパンフレットだけもらって帰りたいんです」
（パンフレットがどこにあるかもわからない人に案内されたって、商品のことがわかるわけないんじゃないの!?）

「無関心」は×

　パンフレット類は、だれが設置していますか。どこに何があるか知らない人が多いのには、驚かされます。

種類別に、「いま」お知らせしたいものは目立つように

　パンフレットは、種類別に整理して入れると、お客さまにわかりやすくなります。新しいパンフレットは「とりあえず空いているところに入れて……!?」となっていませんか。パンフレットの置き位置により、お客さまの手にとる確率が変わってきます。「いま」お知らせしたいキャンペーンなどは、

① 目立つ場所に置く
② 複数箇所に置く
③ ポスターなどとコーナーをつくってまとめて設置（一目で「これ」

がお得とわかるように）

など工夫をして、きちんと把握をしておきましょう。

パンフレット立ては壁の前!?

　パンフレット立ては、安定感を演出したり、ロビーを広くみせたりするためか、ついつい壁際に置いてしまいがちです。ロビーの一番奥の壁面に置かれたパンフレットは、よほどの勇気がないととりに行くことができません。お客さまの動線を考えて、とりやすい位置に置きましょう。

　ATMコーナーでも同様です。機械が空くのを並んで待っている間に手にとりやすい位置にパンフレットを置いてある支店と、機械まで行かないとパンフレットがとれない支店とに分かれます。「考えて」店づくりをしているかどうか、すぐにわかってしまいます。

お客さまが伝票やパンフレットを乱すんです……!?

　お客さまが手にとりやすい位置に置かれたパンフレットは、乱れがちです。それだけお客さまが手にとるからですね。「1ミリも動いていないパンフレット」では、設置効果を疑います。

　「乱れるのが普通」だと考えて、ロビー担当者が都度乱れを直したり、テラーが昼休憩の前後に手直ししたりしましょう。

記帳台の伝票記入例が日焼けしています!?

　夏になると特に気になるのが、記帳台の伝票記入例などの日焼けです。「ずいぶん長い間使っているのね」と思い、記入例に「お疲れさま」と声をかけたくなります。

　みにくいと記入例の役目を果たしません。チェックして、新しいものに替えましょう。

(2) ポスターが斜めにアートしている!?

> ロビーのガラス面に外に向けて貼ってあるポスター、カウンター下のポスター、キャッシュロビーのポスター……。
> (この銀行は、いろいろなお知らせをしてくれているのね。でも、この斜めのポスターは前衛アートなの!?)

「斜めポスター」「破れポスター」は×

貼ってあるポスターが、なぜか斜め……という店に出会います。皆さんの店は大丈夫でしょうか。また、お客さまが触れる位置にあるポスターは、はがれたり破れたりすることが頻繁です。そのままにしてありませんか。

ポスター管理をきちんと

ポスター管理一つでも、お客さまからみると、そこから支店のすべてがみえるような気がします。「このポスターが曲がっているようじゃ、きっと事務処理もいいかげんなのね?」などと、悪い想像をさせないように、1日の終わりに、記帳台や壁面のカレンダーを更新する作業と一緒に、チェックをしましょう。

セロハンテープ跡がなかなか素敵!?

日に焼けてベトベトになったセロハンテープ跡は、なかなかとれにくいものです。「仕方がないわ」で済ませないで、きちんとはがしましょう。文房具屋にはさまざまなグッズが並んでいます。必ず対応できるはずです。

カウンターは丸く拭く!?

店頭の掃除をしない支店はないと思いますが、ロビーの床がピカピカでも、カウンターや記帳台の隅がホコリだらけの店があります。1週間に一度は、普段使用していない箇所も掃除しましょう。

(3) 店の印象で強烈なのはあなた!?

> 新店オープンの店。
> 「本当にきれいになったわね。こちらに来るのも楽しみだわ」
> ――「ありがとうございます。今後も当店をどうぞよろしくお願いいたします」
> （確かに店はきれいになったけれど、働いている人たちをみると、何だかいまひとつねえ。店のなかで一番目立つのは、あなたたちなのよ!?）

「建物だけきれい」は×

「そもそも古い建物だから、きれいにするのはむずかしいんです」「支店づくりといっても、店が狭いし古いですから……」こんな言い訳をしていませんか。

支店の雰囲気づくりのポイントは、そこで働いている人たちの身だしなみや行動です。そこに「居る」というだけで、影響を与えていることを、お忘れなく。

そこで働いている人たちが一番重要

あいさつや会話、行動については他で述べていますので、ここでは身だしなみに注目しましょう。

目につくのは、度の過ぎた茶髪とハイソックス履きです。

いまの時代ですから、真っ黒な髪色の人は少ないかもしれませんが、赤っぽくみえる茶、生え際と髪先の色が極端に違う、メッシュが入っているなどは避けましょう。

また、最近、生脚（なまあし）にハイソックス履きという人をよくみかけますが、高校生ではありませんので、ストッキングを着用して欲しいと感じます。子どもっぽくみえると頼りない印象を受け、「この人に、私の大切なお金の話をして大丈夫かしら？」と心配になります。金融機関では、ほとん

どの場合年上のお客さまの資産の相談に乗るわけですから、信頼を得られる身だしなみをしたいですね。

(4) 還元帳票はいつでもみやすいように出しておく!?

> ──「こんにちは、野本さま。どうぞ、こちらのカウンターにお掛けくださいませ。ただいま、資料を用意してまいりますので、少々お待ちいただけますでしょうか」
> 「はい、ありがとう」
> （あら、カウンター内のあの資料、知り合いの名前が載っているわね!?）

「出しっ放し」は×

還元データをみてお客さまへのアプローチを考えるのは、とてもよいことです。しかし、そのデータを出しっ放しにして、ローカウンターや応接コーナーのお客さまからみえてしまうことはありませんか。

見終わったらしまう

小学校の授業のようですが、「出したらしまう」「使い終わったら片付ける」ことが基本です。放置してある還元帳票からお客さま情報が漏れないように注意しましょう。特に利用頻度が高い渉外担当者は、要注意です。

金庫室の扉は半開き!?

金庫室の扉が全部開きっぱなしで、「ロビーから金庫内が丸見え」では困ります。「ここに金庫があります。なかはこうなっています。泥棒に入る方はどうぞ！」と宣伝しているわけではないと思いますが……。「開けたら閉める」ことをお忘れなく。

書類は横倒しアート!?

事務室内の机上や書棚のなかで、横倒しになっている書類はありませんか。これも「だらしがない」印象を与えます。お客さまに、事務処理もだらしなく、ミスが多いのではないかと連想させますので、注意しましょう。

(5) ATMは指紋でベトベト!?

> （きょうは、お金をおろして帰らなくちゃ……。このATMの画面は、ベトベトねえ。汚くって、触るのが嫌だわ!?）

「ベトベト画面」「ホコリ画面」は×

毎朝もしくは毎夕のATM画面の掃除は完璧ですか。ATM使用頻度の高い支店では、特に注意したいのは画面の汚れです。

形だけの掃除ではなく……

「掃除はしていますよ」というあなた。形だけの掃除になっていないでしょうか。きれいにすることが掃除です。

キャッシュコーナーには明細票が舞っています!?

駅前の支店など、時間外のATM利用客の多い支店では、特に明細票がゴミと化しているのが気になります。個人情報保護を意識している方とそうでない方で、お客さまによって明細票の管理に差が出ています。

「そのままにして帰ってしまうお客さまが悪いのよ」という気持ちもわかりますが、お客さまが明細票を放置しない工夫をしたいものです。

　① 「大切な明細票はご自身でお持ち帰りください」などの表示をする
　② 朝と昼休み、夕刻の3回程度、ATMコーナーをチェックする

など、できることから始めてください。

⑹　店舗周りの掃除は他の人がやっているから!?

> （この店は、店内はきれいなのだけれど、駐車場からみると、ボロボロの傘が日焼けして傘立てに置いたままだし、外のポスターは破れているし、いったいいつのものなのかしら!?）

「店周は管轄外」は×

「店の周りは、役席が掃除しています」「役席の範疇です」ということばを聞くことがあります。しかし、だれもが毎日の通勤時に店の外をみているのではないでしょうか。

店周も店の一部です

ロビー入口付近はもちろんのこと、駐車場からは行職員用の出入口もよくみえます。行職員用の出入口の傘立てに日焼けした傘が置きっぱなしになっていたり、外壁に破れた案内が貼り出されたりしていないでしょうか。

通勤時に目に入ったら、無視せず、すぐに対応するようにしましょう。

ガラス窓・ガラス扉は拭けません!?

子ども連れのお客さまなどがいると、子どもがロビー入口のガラス扉に手を触れることがよくあります。ガラスの汚れも、目立つものです。掃除のときにチェックして、磨くようにしましょう。

II

基本会話編

同じことをいわれて「なるほど」と思ったり、「ふん！」と抵抗を感じたり。理屈ではわかっていても、どのように話されるかによって、受止め方に差が出てしまいます。

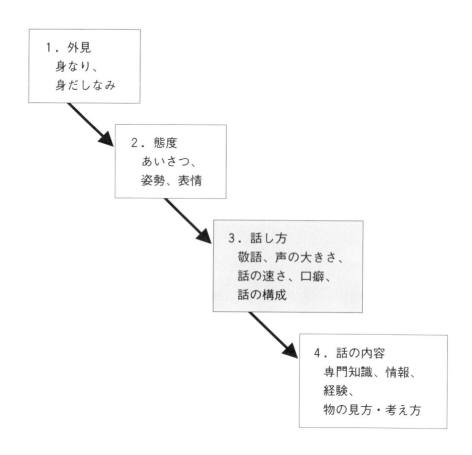

　本章では、第三の「評価の関所」である「話し方」に関係する会話についてみていきましょう。
　自分ではよいつもりでも、相手に受け入れられないことばづかいになっていないか、相手が聞きとれないような小声、早口になっていないかなど、日ごろのお客さまとの会話を思い出しながら読み進めてください。

1 基本の「き」は？

(1) 「100万円からお預かりいたします」!?

―― 「いらっしゃいませ。本日は、どのようなご用件でしょうか？」
「これを、普通預金に入金してちょうだい」
―― 「はい、かしこまりました。（現金を数えて）それでは、100万円からお預かりいたします。まとまったお金ですが、こちらは全額普通預金へのご入金でよろしかったでしょうか？」
「ええ、そうしてくれる」
―― 「近々、お使いのご予定はございますか？」
「特にないけれど」
―― 「それでは、定期預金とか他のものになさってはいかがでしょうか？　わたし的には、定期預金は普通預金より金利もよいのでお得だと思うのですが……」
「そうねえ、せっかくだから定期預金にしてもらおうかしら」
―― 「ありがとうございます。それでは、定期預金のほうをおつくりいたしますので、お掛けになってお待ちくださいませ」
（手続が済んで）
―― 「○○さま、○○さま。お待たせいたしました。本日は、定期預金の形でお預かりいたしました。ご確認くださいませ。こちらは、粗品になります。どうぞお使いください」
（この銀行は、バイトことばで応対なの!?）

「バイトことば」は×

　この会話が自然に読めてしまうあなたは、日ごろからいわゆる「バイトことば」でお客さまに応対しているおそれあり。要注意です。
　ここでクイズです。会話中には、いくつのバイトことばがあるでしょうか、チェックしましょう。

Ⅱ　基本会話編

答え。バイトことばは、以下の七つです。
　「100万円からお預かりいたします」
　「普通預金への入金でよろしかったでしょうか？」
　「定期預金とか他のものになさってはいかがでしょうか？」
　「わたし的には、普通預金より金利もよいのでお得だと思う」
　「定期預金のほうをおつくりいたします」
　「定期預金の形でお預かりいたしました」
　「こちらは、粗品になります」
全部、わかりましたか。

ビジネス用語を使って

　これらバイトことばのどこが奇妙かを確認しながら、銀行での応対用語に翻訳（？）してみましょう。
　① 「100万円からお預かりいたします」
　　100万円から預かるって、どこまで預かるつもりなのか。不思議な表現。
　　⇒「100万円をお預かりします」
　② 「普通預金への入金でよろしかったでしょうか？」
　　いま、初めて聞かれたのに、なぜ「よろしかった」と過去形なのか。疑問に感じる。
　　⇒「普通預金への入金でよろしいでしょうか？」
　③ 「定期預金とか他のものになさってはいかがでしょうか？」
　　お客さまに向けたことばではない。失礼に当たる。
　　⇒「定期預金など他のものになさってはいかがでしょうか？」
　④ 「わたし的には、普通預金より金利もよいのでお得だと思う」
　　「的」とつければ曖昧さが含まれ、奥ゆかしい表現になるとでも思っているのか。
　　⇒「わたくしは、普通預金より金利もよいのでお得だと思う」
　⑤ 「定期預金のほうをおつくりいたします」
　　「『ほう』ってどっちのほうですか？」と聞きたくなる。

⇒「定期預金をおつくりします」
⑥　「定期預金の形でお預かりいたしました」
　　「定期預金の形で……」ってどんな「形」!?　四角でしょうか、丸いのでしょうか。
　　　⇒「定期預金でお預かりいたしました」
⑦　「こちらは、粗品になります」
　　さっきまで粗品ではなかったものが、粗品に「変身！」したとでもいうのか。
　　　⇒「こちらは粗品でございます」

　つい、バイトことばとかを使ってしまいがちですので、注意したいですね。正しい会話例のほうは、これでよろしかったでしょうか。わたし的には、ビジネス用語の形で会話できるようにしていただきたいです。
　おっと、とんだ失礼をいたしました。お後がよろしいようですので、次のテーマに移りましょう。

(2) お客さまとの会話は気取った敬語で!?

「あらっ、制服が変わったのねぇ」
——「(すました感じで) ありがとうございます。私どもでは、この度、80周年を記念しまして制服を一新いたしました」
「そうなの、それはおめでとう。今度の制服も素敵ねえ」
——「(顔も身体も微動だにさせないで) ありがとうございます。こちらは、女性行員の声を取り入れてデザインした制服でございます」
(きちんとした敬語なんだけれど、何だかツンと気取った感じで、愛想がないわねえ。お高いのかしら!?)

「ツンとした会話」は×

お客さまはお客さまなので、どんなに親しくても、きちんと敬語で話すべきです。かといって、ツンとした感じで話されると鼻につきます。

・笑顔がない（もしくは、おすまし笑顔）
・顔は少々上向き（顎を突き出す感じ）
・口を大きく開けずに話す
・表情が変わらない
・身体を動かさない

などは、お高くみえます。

愛想＆きちんとした応対

きちんとしていて、なおかつ、親しみのある応対のポイントは、笑顔と抑揚のある会話です。事例の会話例を、笑顔で、お辞儀や制服を指すなどの動作を入れて、抑揚をつけて読んでみてください。すました嫌な雰囲気は感じず、会話のことばそのものに問題はないことがわかるはずです。

⑶ 「こちらにね、書いてくださいね」!?

　　――「川村さま、お久しぶりですねぇ」
　　「うん、ちょっと忙しかったから」
　　――「まあ、お忙しいなか、ご来店ありがとうございますね。ところで、きょうは何のお取引でしたかね？」
　　「うん、5万円おろしたいんだよ」
　　――「はい、かしこまりました。それではですね、こちらの伝票にね、お書きくださいね」

「『ね』付けことば」は×
　よく来店される親しいお客さまに対していう、何でも「ね」をつける言い方。特に、ベテラン行職員が、高齢者の対応をするときに多く聞かれます。
　皆さんも、親しみを込めるつもりで、わかりやすくするつもりで、「ね」付け会話をしていませんか。「残高をね、確認してくださいねぇ」などといわれると、しつこい感じがします。

「ね」をとれば
　この対応はむずかしいものではありません。事例の会話からすべて「ね」をとるだけでよいのです。

　　――「川村さま、お久しぶりです」
　　「うん、ちょっと忙しかったから」
　　――「まあ、お忙しいなか、ご来店ありがとうございます。ところで、本日はどのようなお取引ですか？」
　　「うん、5万円おろしたいんだよ」
　　――「はい、かしこまりました。それでは、こちらの伝票にお書きください」

いかがでしょう。3番目の会話だけ少し言い回しを変えましたが、他は同じでも何の不自然さもないです「ねぇ」。

⑷ 「親しさ」と「馴れ馴れしさ」

> 「きょうはいい天気になったわねぇ」
> ──「そうですね。この後は、どこかに行くのかしら？」
> 「今度旅行に行くから、洋服を買おうかと思ってね」
> ──「あら、いいわぁ」
> (会話がはずむのはいいけれど、私たち友達でしたっけ!?)

「馴れ馴れしさ」は×

　頻繁に来店するお客さまと仲良くなると、会話中、ついつい友達ことばになっていることはありませんか。会話能力や人間関係構築能力の高いベテラン行職員にみられる光景です。

親しき仲にも礼儀あり

　親しくなるのはすばらしいことですが、それが馴れ馴れしいと受け取られたのではマイナスです。

　支店の立地によっては、住まいの近所の知り合いが支店を訪ねてくることがあるかもしれません。そんなときも、支店では「近所の奥さん」ではなく「お客さま」であることを忘れないようにしましょう。

　事例を馴れ馴れしくならないように言い換えてみましょう。

> 「きょうはいい天気になったわねえ」
> ──「そうですね。この後は、どちらかにお出かけですか？」
> 「今度旅行に行くから、洋服を買おうかと思ってね」
> ──「あら、いいですね」

　笑顔で話せば、親しみを失うことなく、きちんとした会話ができるはずです。

魔法のことば
　また、「かしこまりました」「承知しました」は、ビジネス用語のなかでも、これをいえばしっかりして聞こえる"魔法のことば"ともいえます。多少、他のことばが乱れても、受け答えの際に「かしこまりました」などといえば、会話が引き締まり、それまでのことばづかいがカバーできる効果もあります。

見事なお辞儀
　私が、応対のよさで有名な、ある和菓子屋に行ったときのことです。高齢の女性が店に入って来ました。
　　「いらっしゃいませ、寒くなりましたね」
　　「そうねぇ」
　常連のお客さまのようで、ここからは、堅苦しいことばづかいより、柔らかい対応です。時には「うぅん」や「そうなんですよねぇ」ということばも聞こえました。
　しかし、そのお客さまが、
　　「いつものお菓子、〇個ちょうだい」
と注文すると、店員はさっと姿勢を正して
　　「□□を〇個ですね。どうもありがとうございます」
といい、お手本のように見事なお辞儀をしたのです。
　この瞬間に、取引をいただいたときにけじめをつけて応対することで、「馴れ馴れしい応対」ではなく「親しい応対」になるのだと、ハッとさせられました。

(5) お客さまのことばに会話がかぶる!?

「振込用紙のここは、どう書いたら（いいのかしら）」
——「あっ、そこですね。そこは、振込先の……（ペラペラペラ）」
「慣れないからよくわからないものだから（悪いわねえ）」
——「いえいえ、大丈夫ですよ。何でもいってください」
（テキパキっていえばそうなのかもしれないけれど、私のことばが終わらないうちに話し始めるのは失礼じゃない!?）

「かぶり会話」は×

　相手のことばの語尾が終わらないうちに話し始める癖はありませんか。どちらかというと、頭の回転の速い人や早口の人に多い癖です。失礼な印象を与えるうえ、相手を急かすように聞こえる、話をきちんと把握していないのではと相手を心配させるというデメリットがあります。

話をよく聞いてから

　いくら忙しい毎日でも、会話を早くしたからといって、処理スピードが速くなるわけではありません。落ち着いて、最後まで相手の話を聞きましょう。電話ではいっそう気になりますので、要注意です。
　悪気があるわけではなく、単なる「癖」になっていて、自分では気づいていない人が多いようです。一度、自分自身の話し方について周りのアドバイスを受けるとよいでしょう。

「間」をとる

　お客さまとの会話では、上手に「話す」ことより、上手に「聞く」ことのほうが重要であるといっても、言い過ぎではないでしょう。説明の先を急ぐよりも「間」をとって、お客さまが話し始められるタイミングをつくるようにしましょう。

(6) いつでも「少々お待ちくださいませ」!?

> 「これをお願いします」
> ——「はい、かしこまりました。少々お待ちくださいませ」
> (いっつも「少々」っていうけれど、すぐにできるときもあるし、ずいぶん待たされるときもあるわよ！ 形だけの「少々」なの!?)

お約束の「少々」は×

テラーが便利に使ってしまうのが、「少々お待ちくださいませ」です。しかし、本当に「少々」で手続できるのでしょうか。いつのまにか枕詞にしてしまって、意味をわきまえずいい加減に案内していませんか。

理由と処理時間を説明

「本当に少々なの？」と思われないように、時間がかかると思われるときには、その理由とおおよその処理時間を伝えましょう。

事例を言い換えましょう。

> 「これをお願いします」
> ——「はい、かしこまりました。本日は通帳をおつくりしますので、10分ほどかかりますがよろしいでしょうか？」

どのくらいの時間がかかるかを知らせてもらえると、安心して待つことができます。また、なぜ長くかかるのかの理由がわかれば納得できますので、「自分より後から手続した人が、なぜ先に帰るんだ！」という苦情にもなりません。

繁忙日カレンダーの活用

ロビーに忙しい日を表示したカレンダーを掲示している銀行があります。押しつけでなく「繁忙日以外に来店していただけると助かる」旨が書いてあ

ると、「今度はそうしよう」と思ったり、「きょうは忙しい日に来てしまったから、多少待っても仕方がないな」と思えたりします。

実際に苦情が減ったという支店がありますので、試してはいかがでしょうか。

待ち時間の有効活用

時間がかかるときは、その時間をお客さまにどのように過ごしてもらうかも考えましょう。

待ち時間にパンフレットをみてもらうのも手です。待っているのだから、お客さまに時間があるわけです。その時間を有効活用してもらい、パンフレットをみてもらえば、手続が終わった後の会話で、

「こちらの商品（サービス）はいかがでしたか？」

などと、お客さまの感触を確かめることから会話を進められますし、お客さまに有意義な時間を過ごしてもらえば、待ち時間も短く感じてもらえるはずです。

(7) 「ずいぶん待っているんですけれど……」
　　「あっ、そうですか」!?

> 「まだですか？　ずいぶん待ってるんですけど……」
> ——「あっ、そうですか」
> （ちょっと、ちょっと！　こちらの苦情に対して「そうですか」なんて無関心な答えはないんじゃない!?）

ここでも「そうですか攻撃」は×

また出てきたのが「そうですか攻撃」です。お客さまのことばへの反応として何気なくいっているのでしょうが、無関心な様子に聞こえてしまいます。何も考えずに反応しているということは、ありませんか。

お詫びと状況確認

「そうですか攻撃」にならないように、
① まずは謝る。
　「お待たせして申し訳ございません」
② 処理状況を確認して、お客さまに伝える。
　「すぐにお調べいたします」

「お調べしますので、少々お待ちください」など、待っているお客さまに、さらに待てという言い方では、逆効果です。「すぐに」「急いで」など、迅速に対応することを示しましょう。

こちらから待ち時間のお詫びをいう

お客さまから「まだですか」といわれる前に、
① ロビー担当者が「長くお待ちではありませんか？」と声をかけ、処理状況を確認して、残りの待ち時間を知らせるなどの対応をとる。
② 手続後の窓口で、「お待たせして本当に申し訳ございませんでした」と、先にお詫びをいう。

(8) 「処理をいたします」!?

――「かしこまりました。本日は５万円のお引出しですね。ただいま
　処理をいたしますので、お掛けになってお待ちくださいませ」
（処理って、私のお金をどうするのかしら!?）

「処理」は×
　「処理」といわれると、あたかも肉のように機械処理されてひき肉にでもなってしまうかのように思えます。安易に、銀行側のことばを使っていませんか。

「お手続」という
　皆さんの仕事はお客さまの大切なお金を扱うことであるということを忘れないようにしましょう。
　① 「お手続」ということばを使う
　　「お手続をいたしますので、お待ちくださいませ」
　② 手続の内容を具体的にいう
　　「お引出しいたしますので、お待ちくださいませ」
　　「ご入金いたしますので、このままお待ちください」
など、配慮した言い方にしましょう。

⑼ 「私ではわかりかねますので」!?

> 「これは、どういうことなのかしら？」
> 応対しているテラーは、まだ経験が少ないので自信がなさそうです。
> ──「えっと、それはですね。申し訳ございません。私ではわかりかねますので、調べて参ります」
> (「私ではわからない」ですって？　この人、この台詞が多いわね。もう、わかる人を座らせておいてよ！　知らないことを強調すれば許されると思っているのかしら!?)

「わからない自慢」は×

お客さまは「よく知っている人に対応してもらいたい」と希望しますので、テラーに勉強は不可欠です。しかし、オールマイティにどのような知識も完璧にもっているテラーになるのには、時間がかかるのも現実。特に、新担当者や転勤したての担当者には、わからないことも多いものです。しかし、それを言い訳に「私にはわかりません」「わかりかねます」を連発して、無意識に「わからない自慢」をしていませんか。

迅速な確認とわかるための努力を

お客さまにとって大切なのは、正しいことを教えてもらえることです。

① 「わからない」ということばは極力使わない（わからないことを主張しない）。
② 確認をしたり、調べて答える。
　「確認いたしますので、少々お待ちくださいませ」
③ 先輩や上司に聞いたことは、その日のうちに内容を確認する。
　教えてもらいっぱなしにせずに、業務終了後などに、マニュアルを確認したり、「きょうお聞きした内容をもう一度教えてください」などの質問をしたりして（その際はノートを用意）、マスターし、次回からは自分で答えられるようにしておく。

⑽ 「多分〇〇だと思います」⁉

> 「これは、〇〇ということかしら？」
> ——「ええ、多分〇〇だと思います」
> 「『思います』って、〇〇なのよね？」
> ——「はい、そのはずです」
> (「多分」「はずです」って、いい加減な答えね。自信がないならちゃんと調べて教えてよ⁉)

「多分〇〇です」は×

　自信がないために、「多分」や「そうだと思います」などという曖昧な答えをしていませんか。「多分」とは「絶対」ではないということ。
　新入行職員のうちは何でも確認するのに、独り立ちして「自分でできるな……」と思ったときに、こんな答え方をしがちです。若葉マークがとれたころ、最も注意しましょう。

確実な答えを

　「わかりません」の連発は好ましくありませんが、もっと悪いのは、曖昧なままいい加減な答えをすることです。
　いつまでも確認をしていると、何だか実力がないみたいで、ちょっぴりカッコつけたくなる……、そんな気持ちもわかります。しかし、お客さまに迷惑をかけることになってしまっては、カッコも何もありません。確実さが誠実さにつながり、お客さまの信頼を得られることを忘れないようにしましょう。

① 自信がないことを、うろ覚えで話さない。
② 曖昧なことは、確認する。
③ 「念のため、確認いたします」などと、お客さまに告げてから確認する。

(11) 「私が担当したのではございません」!?

> 「昨日お願いした振込だけれど、振り込まれてないみたいなのよ！どうなっているの？」
> ──「そうですか。私が担当したのではありませんので……。昨日担当したものに確認します」
> 「早く調べてちょうだい！」
> （まったく、「私が担当じゃない」なんて、逃げのことばなの!?）

「私ではない」は×

最初に「私が担当ではなかった」といわれると、お客さまは「逃げているのね」「自分には関係ないっていいたいのね」と感じます。事実を告げるのだからと、こんなことばをいっていませんか？

苦情対応から逃げない姿勢

苦情対応の基本は、以下のとおりです。自分では苦情から逃げているつもりでなくとも、それがお客さまに伝わらなければ、何にもなりません。

① 積極的に苦情を聞く。
  ・カウンターで大きな声を出しているようなお客さまには、こちらから用件を聞く（尻込みせず、いつまでも待たせない）
② まず謝る。
  ・お客さまの不快感、怒りに対して謝る
  ・謝るときは「立って」、ていねいに「お辞儀」、きちんと「申し訳ございませんでした」
③ お客さまの苦情を冷静に十分聞く。
  ・話を途中でさえぎったり、自分の立場を正当化したり、言い訳をしない
  ・自分が直接関係した案件でなくても、支店を代表する気持ちで聞く
  ・「私ではありませんでした」などと逃げるような態度をみせない

- 「苦情＝お客さまの貴重な意見」と理解し、誠意をもって聞く
④ 正確な苦情内容を聞き、問題点を把握してあらためて謝る。
- 必要に応じて、話を聞きながら要点をメモする（上司への報告時に間違えないように。また、上司に代わってもらう場合などにお客さまに何度も同じことをいわせないように正確に伝える）
- 話の途中でもテラーで対処できないとわかったときには、
  店頭での会話を中止し（時を変える）、
  応接室等にお通しし（場所を変える）、
  上司に代わってもらう（人を変える）。
⑤ 調べる前には、自分を名乗り責任を明確にする。
- 「私、○○と申します」「私、○○がすぐに確認いたします」など、迅速に調べることを告げる
⑥ 上司に報告する（苦情の大小にかかわらず）。
- 説明はテラーが行うにしても、上司が出て謝ることで、納得してくれる場合もある
- たとえテラーが対応できたとしても報告をする（上司が知らないと、後でお客さまにお会いしたときなどに、話がぶり返したり、こじれる場合がある）
⑦ 問題点に対し、迅速に具体的提案を行う。
- 事情、原因を把握したら、(i)その場で回答できるもの、(ii)後日、回答するものに分け、誠意をもって対処する姿勢を示す
- 後日、回答する場合には、迅速に調査手配し、回答時限を守る。必ず、こちらから連絡をする（「まだ回答が来ないのか」と二次的な苦情にならないようにする）
⑧ 責任体制を明確にし、対処する。
- 同意が得られない場合は、部分的な譲歩で同意を求める
  （どのように譲歩するかは勝手に判断せず、上司に確認する）
- 万が一、お客さまの勘違いだった場合も、お客さまの落ち度や間違いをとがめない

誠実な対応はファンを増やす

　万が一、こちらのミスが苦情になった場合でも、その後の誠実な対応により、お客さまが「最初はミスがあったけれど、その後はよくやってくれた」などと評価してくれることがあります。その後は信頼を得て、何かと声をかけてくれるようになるもの。お客さまは、われわれの成長を促してくれるありがたい存在です。

こんな対応をしよう

　以上の苦情対応の基本を参考に、事例を適切な応対で再現しましょう。

「昨日お願いした振込だけれど、振り込まれてないみたいなのよ！どうなっているの？」
　——「大変申し訳ございません。昨日（さくじつ）のお振込ですね。すぐに確認いたしますので、振込金受取証をおもちでしたらいただけますでしょうか？」
「これよ！」
　——「お預かりいたします。私、大村がすぐに確認いたしますので、お待ちいただけますでしょうか」
「早く調べてちょうだい！」
（確認をすると、翌日付の振込になっていたことがわかった。お客さまのところへ行って説明をする）
　——「沢田さま、大変お待たせいたしました。こちらのお振込は本日付となっておりました。午後2時を過ぎてからの受付ですと翌日付の振込になるのですが、昨日は、ご案内が悪くて申し訳ございません。本日の振込でもよろしいでしょうか？」
「そうなの。まあ、振り込まれたのならいいけれど……。でも、ちゃんと教えてくれないと困るわよ！」
　——「本当に申し訳ございませんでした。今後はこのようなことがないように、支店全員で注意いたします」
「ちゃんとやってよ」

──「はい、かしこまりました」
「あなたたちにはわかっていることでも、客はいわれないとわからないんだからね」
　──「はい」
「それと、お宅のキャッシュコーナー、よく封筒が切れているわよ。あれも何とかしてちょうだいね！」
　──「かしこまりました。すぐに確認してまいります」
「まあ、きょうはあったみたいだけれど……」
　──「貴重なご意見をありがとうございます。あわせて上司に報告いたしまして、支店で徹底いたします」

　もちろん言いっ放しではいけません。この後、上司を通じて支店全員で確認をし、徹底を図るのはもちろんです。

ミスを共有化する
　自分のミスを朝礼などで発表されるのは嫌なものです。しかし、個人攻撃のために発表するわけではないことを理解しましょう。全員で共有することで、だれもが同じようなミスや事故を起こさないための方法なのです。
　むしろ、自分のほうから「○○というミスをしてしまいました。今後気をつけますので、皆さんも同じようなミスをしないように、一緒に気をつけてください」などと発表するくらいになりましょう。

⑿ 「入金してくれる?」
「お掛けになってお待ちください」!?

「この通帳に入金して欲しいのですけれど……」
——「それでは、お掛けになってお待ちくださいませ」
(「待て」って、入金はしてくれるの? 返事がないけれど!?)

——「引き続き定期預金にお願いします」
「定期は相変わらず金利が低いのでしょう?」
——「それではお掛けになってお待ちください」!?
(ちょ、ちょっと、私の質問に対する答えは!?)

「質問の答えなし」は×

お客さまの要求や質問に対して、答えをしないまま次の会話をしていませんか。会話のキャッチボールでは、お客さまからのボールを受け取らず、まったく違う方向からボールを投げるのはルール違反です。

答えを返す

相手のことばや質問にはきちんと反応しましょう。
① 「入金してくれる?」「○○をお願いできるかしら?」などのお客さまの依頼には、受けたことを示す。
「かしこまりました」
「承知しました」
「ご入金でいらっしゃいますね、かしこまりました」
② お客さまの質問には、きちんと答える。
「そうですね、定期預金の金利が上がったとはいえ、まだまだ高いとはいえませんね」
たった一言ですが、あるのとないのでは大違いです。

2 手続は？

(1) お客さまは苗字で呼ぶ!?

手続が終わって、テラーがお客さまを呼んでいます。
──「鈴木さま、鈴木さま。お待たせしました」
(鈴木って、私のことかしら!?)

「苗字だけ」は×

苗字呼び出しが癖になっていませんか。もちろん、ロビーにお客さまが一人しかいない場合は、苗字を呼べば、間違いなく該当のお客さまを特定できます。しかし、複数のお客さま、特に混んでいるときには要注意です。苗字だけで呼んで、別の鈴木さまに通帳などを渡してしまっては大事故です。

フルネーム呼び出しで

お客さまは、金融機関との取引をフルネームで行います。お客さまを呼ぶときは、「○○（姓）さま、○○○○（姓名）さま」と、少なくとも2回目はフルネームでお呼びしましょう。

取引確認依頼

テラー自身が、「名前」「金額」「内容」などを確認するのはもちろんのこと、お客さまの確認を促すことを忘れてはいけません。
① 通帳をカルトンに乗せ、みやすいように開いて渡す。
② 取引内容を手で指し示しながら、説明する。
③ お客さまの確認を促す。
　「どうぞお確かめください」「ご確認ください」

最近は、確認を促す一言を聞かなくなった気がします。必ずお客さまに依頼するようにしましょう。

(2) 復唱確認は大きな声で!?

> ──「木村さま、木村一郎さま、大変お待たせいたしました。本日は、300万円のお引出しですね。どうぞお確かめくださいませ」
> そういってテラーが、300万円をカウンターに置いた。
> (そ、そんな大きな声で……。この大金をどうやって確認しろっていうのかしら？ それに、ロビー中の人が私をみている気がするわ。大金をおろしているのが、みんなにわかっちゃうじゃない!?)

「お客さま情報の宣伝」は×

ハツラツとした元気な応対は気持ちがよいものですが、それも状況によります。ところかまわず大声で案内したり、復唱確認などをしていないでしょうか。

他のお客さまに聞こえない配慮を

周りのお客さまに取引内容がわかると嫌なものです。お客さまの個人情報が漏れないように、個人情報保護に配慮が必要です。
① 他のお客さまに聞こえないように、小声でいう
② 伝票を指して「こちらの金額の入金ですね」という
などの工夫をして、情報が漏れないようにしましょう。

多額の現金をお渡しする場合

特に、多額の現金を渡す場合は、以下のような配慮が必要です。
① 死角位置にあるローカウンターや応接室などに場所を変える
「どうぞこちらでお渡し申し上げます」
「手続が済みましたら、あちらのローカウンターからお呼びいたします」
② お客さまの確認をとってから、現金封筒に入れる
「よろしければ、こちらで封筒にお入れいたしましょうか？」

(3) 支払い・解約はお礼をいわない!?

> ──「いらっしゃいませ」
> 「きょうは10万円ほどおろしたいのですが……」
> ──「かしこまりました。10万円のお引出しですね。すべて1万円札でよろしいでしょうか。すぐに手続をいたしますので、このままお待ちくださいませ」
> 手続を終えて、
> ──「お待たせしました。こちらに10万円ご用意いたしました。どうぞお確かめくださいませ。ありがとうございました」
> (送り出しのあいさつはいってくれたけれど、きょうは支払いだから取引に対するお礼はないのね!?)

「お礼なし事務応対」は×

普通預金への入金や定期預金の新約時にはお礼をいっても、支払いや解約時にはお礼が出てこないという人が少なくありません。「お金を預けるときにはよい顔をするけれど、出すときは不愉快なのね？」とお客さまは勘ぐってしまいます。

来店と取引に対してのお礼をいう

送り出しの「ありがとうございました」はあいさつです。
どのような取引でも、
　① わざわざ来店してもらったこと
　② 取引をしてもらったこと
に対して、取引応対の間にきちんと取引に対するお礼をいいましょう。

支払い時には券種確認も

現金払いの場合は、一言「全部1万円札でよろしいでしょうか？」と確認すると、お客さまに「しっかりしているな」と思ってもらえます。後から

「千円札も欲しかったのよ」などといわれることを考えれば、効率的でもあります。

(4) 「古い通帳は……」⁉

―― 「山川さま、山川太郎さま、お待たせいたしました。本日は、通帳の繰越でしたね。こちらが、新しい通帳です」
「ありがとう」
―― 「こちらは、古い通帳ですので、表紙に繰越の表示をして、ペイドの穴を打ちました」
（私には大切な通帳なのに、古い通帳ですって⁉）

「古い通帳」は×

　通帳繰越時に、繰越前の通帳を指して、つい、いってしまうことばです。お客さまの大切な通帳を、印字が一杯になったからといって「古い」というのはいかがなものでしょうか。

お客さまの大切な取引記録

　お客さまにとって、繰越前の通帳は、大切な取引記録です。もう取引に使わないからといって、用済みというわけではありません。
　「前の通帳」
　「いっぱいになった通帳」
　「いままでお使いいただいた通帳」
などという呼び方をしましょう。また、新通帳の印字の確認依頼も忘れてはいけません。
　上の事例を言い換えると以下のようになります。

―― 「山川さま、山川太郎さま、お待たせいたしました。本日は、通帳の繰越でしたね。こちらが、新しい通帳です。表紙のお名前や最終残高などをご確認いただけますでしょうか？」
「はい、いいわよ」
―― 「ありがとうございます。こちらは繰越前の通帳ですので、表紙

に『通帳繰越』の表示をして、ペイドの穴を打ちました。お取引の記録ですので、大切にお持ち帰りくださいませ」

(5)　「身分を証明できるものをおもちですか」!?

「通帳をつくりたいんだけれど」
——「どうもありがとうございます。ご本人さまの通帳の作成でよろしいでしょうか？」
「ええ、お願いします」
——「私どもでのお取引は初めてでいらっしゃいますか？」
「そうなの」
——「ありがとうございます。取引に使う印鑑と身分証明書はおもちですか？」
「身分証明書!?」

「身分証明書」「身分を証明できるもの」は×

　一般的には、運転免許証などを「身分証明書」といいますが、なかには「身分」ということばに敏感なお客さまがいます。特に、「身分を証明できるもの」という言い方は、キツク聞こえます。

ご本人さまを確認する書類

　義務づけられているのは、「身分を証明してもらう」ことではなく「本人を確認する」ことです。
　「ご本人さまを確認させていただく書類をおもちですか」
　「ご本人さま確認書類、運転免許証などをおみせいただけますでしょうか？」
などといいましょう。後者のように、具体的にどんな書類が必要かをいうと、わかりやすくなります。

本人確認書類

　平成27年の犯罪収益移転防止法施行規則改正（平成28年10月1日施行）により、個人のお客さまについて、店頭で本人確認書類の提示を受けた際の確

認の方法が厳格化されています。

書類は、以下のとおり大きく三つに分類されます。

①	○運転免許証、運転経歴証明書、在留カード、特別永住者証明書、個人番号カード（マイナンバーカード）、旅券（パスポート）　等 ○上記のほか、官公庁発行書類等で氏名、住居、生年月日の記載があり、顔写真が貼付されているもの
②	○各種健康保険証、国民年金手帳、母子健康手帳、取引を行う事業者との取引に使用している印鑑に係る印鑑登録証明書　等
③	○②以外の印鑑登録証明書、戸籍謄本・抄本、住民票の写し・住民票記載事項証明書 ○上記のほか、官公庁発行書類等で氏名、住居、生年月日の記載があり、顔写真のないもの（個人番号の通知カードを除く。）

また、上記それぞれについて、確認方法は以下のとおりです。

○顧客から、上記①の本人確認書類の提示を受ける方法
○顧客から、上記②の本人確認書類の提示を受けるとともに、 　　ⅰ）本人確認書類に記載されている顧客の住居宛に取引に係る文書を書留郵便等により、転送不要郵便物等として送付する 　またはⅱ）提示を受けた本人確認書類以外の本人確認書類（上記②または③の本人確認書類に限る。）または補完書類の提示を受ける 　またはⅲ）提示を受けた本人確認書類以外の本人確認書類または補完書類の送付を受ける方法
○顧客から、上記③の本人確認書類の提示を受けるとともに、本人確認書類に記載されている顧客の住居宛に取引に係る文書を書留郵便等により、転送不要郵便物等として送付する方法

なぜ、本人確認をするのか

お客さまから「何でそんなものがいるの？」と聞かれたときには、
「テロリズムに対して資金を提供する行為や麻薬取引などを防止するために、金融機関が捜査機関によるテロ資金や犯罪収益等の追跡のための情報を確保することが国際的な条約で求められており、日本も、この条約に署名しています。そのため、犯罪収益移転防止法という法律で、金融機関には、新しく口座をおつくりいただくときなどに、免許証などを

ご提示いただき、ご本人さまであることを確認させていただくことが義
　　務づけられております」
などと、根拠を説明しましょう。
　犯罪収益移転防止法の説明資料（パンフレットなど）を提示しながら説明
すると、お客さまの理解を得られやすいでしょう。

(6)「そのようなきまりになっております」⁉

——「本日は満期前の解約になりますので、ご本人さま確認書類を拝見したいのですが、免許証か何かおもちでしょうか？」
「免許証、そんなの必要なの？」
——「おそれいります。私どもでは、100万円以上の解約では、本人確認書類をいただくきまりになっております。本日は、おもちではないでしょうか？」
(「きまり」って……、そんなきまりを勝手につくって、客に面倒な思いをさせるのね⁉)

「きまり」「規則」は×

　いわゆる犯罪収益移転防止法では、新規口座開設時や200万円を超える大口現金取引、10万円を超える現金振込などのときに、本人確認を義務づけています。それ以外に、事故防止のための本人確認のルールを設ける金融機関がふえました。
　行職員にとっては、自金融機関のルールを守ることが重要なのはいうまでもありませんが、お客さまに内部の事情を押しつけるような説明をしていませんか。

理由を説明する

　金融機関が「100万円以上の引出しや定期解約などの場合は、本人確認書類を提示してもらう」などのルールを作成しているのは、「盗難通帳による引出しなどから、お客さまの預金を守りたい」という理由からです。ルールのためのルールをつくっているわけではありません。
　そのことを、きちんとお客さまにわかっていただくような説明をしましょう。たとえば、以下のようにいったとしましょう。
　　「私どもでは、盗難通帳による引出しを防止するため、ご本人さま書類を提示いただいております」

一見よいようですが、これでは「あなたが泥棒かもしれないから、本人確認をさせていただきます」といっているようにも聞こえます。

すべてのお客さまの協力で、はじめて事故を防止できる
　本人確認は、目の前のお客さまを疑って行うものではありません。すべてのお客さまに協力してもらうことで、万に一つの事故を防止するのです。そのことをお客さまに理解してもらうよう努めましょう。
　　① お客さま皆さまにお願いしていることを伝える
　　② 「協力」ということばを使う
　　③ 協力に対する感謝のことば「ありがとうございました」をいう

協力依頼例
　事例の会話を言い換えると以下のようになります。

　　――「本日は満期前の解約になりますので、ご本人さま確認書類を拝見したいのですが、運転免許証か何かおもちでしょうか？」
　「免許証、そんなの必要なの？」
　　――「おそれいります。私どもでは、お客さまの大切なご預金をお守りするために、100万円以上の解約では、お客さま皆さまにご本人さま確認をお願いしております。ご協力いただけないでしょうか？」
　「しょうがないわね。はい、どうぞ」
　　――「お預かりいたします」
　（本人確認）
　　――「運転免許証をお返しいたします。ご協力どうもありがとうございました」

(7)「○○さまは、ご主人さまですか」!?

> 女性のお客さまがカウンターに来ました。通帳は男性の名前です。
> 「この定期を解約したいんですけれど……」
> ──「かしこまりました。4月10日満期の定期預金……、(通帳表紙の名前を確認して) こちらは、山田太郎さまの定期預金ですね。山田太郎さまは、ご主人さまですかぁ？」
> 「そうよ」
> (このテラー失礼ねえ。私が妻以外の何にみえるっていうのよ!?)

「語尾上げ質問」は×

いわゆる犯罪収益移転防止法の遵守や盗難通帳などの事故防止のために、取引名義人と来店者との関係を確認することがあります。特に、取引名義人と来店者の性別が異なるときには、本人でないことは明確なので、年齢を推測して「奥さまか？」「お嬢さまか？」と考え、声をかけます。

そんなとき、「ご主人さまですか？」の「か」を強くいったり、「かぁ」と語尾を上げるようにいったりすると、いかにも疑っているように聞こえるので、配慮が必要です。

語尾を弱くいう

疑っているように聞こえないためには、
① 語尾を弱くいう
② 「○○ですね」という

などの工夫をして、「○○だとは思いますが」というニュアンスがある言い方をします。

また、お客さま対応の気持ちのうえでは、お客さまを疑うのではなく、取引を疑うという気持ちをもつようにしましょう。

(8) 「〇〇していただかないと困ります」⁉

——「それでは、こちらにご記入いただけますでしょうか？」
「このごろ手が痛くてねえ。あなたが代わりに書いてくれないかしら……」
——「申し訳ございません。伝票は、お客さまの取引の証拠となる大切な書類ですから、お客さまに書いていただかないと困ります。お願いできないでしょうか？」
（困っているのは、手が痛いこちらなんですけれど⁉）

「困ります」は×

　伝票の代筆は原則禁止というルールにのっとって仕事をしようという気持ちはわかりますが、お客さまに対して「困ります」はあまりに失礼です。なかなか記入してくれない、必要書類を提示してくれないなどのお客さまに、思わず使ってはいませんか。

上手な依頼

　依頼の言い方は、
　　「〇〇してください」
　　「〇〇していただきたいと思います」
　　「〇〇していただけないでしょうか？」
など、さまざまですが、3番目のように疑問文で依頼すると、柔らかい印象になります。

やむをえず代筆するときは

　身体が不自由で文字が思うように書けないお客さまや、目の不自由な方などからの依頼で、やむをえず代筆するときは、以下のような配慮が必要です。
　①　役席者の事前承認を得る。

②　役席者に立ち会ってもらう。
③　お客さまの意思を十分確認したうえで、お客さまの面前で代筆する。
④　その時の状況を伝票上に記入する（上司印も押してもらう）。

「代筆記念写真」

3 電話応対では？

(1) 素早く名乗る!?

開店と同時に電話がなった。
――「おはようございます、○○銀行△△支店□□でございます！」
「えっ？」
――「○○銀行△△支店□□でございます！」
（わ、二度目も早いな！　ちっとも聞き取れないぞ!?）

「早口名乗り」は×

「狭い日本、そんなに急いでどこにいく」ではありませんが、いくら忙しいからといって、早口でまくしたてられたのでは、相手はまったく聞き取れません。

苗字まで名乗ろうとすると一言が長くなるせいか、早口で、結局ほとんど聞き取れない名乗りになっている人が少なくないので、注意しましょう。また、お客さまが聞き取れなかった場合に、同じ速度、リズムで繰り返したのでは、ほとんど意味がありません。

区切ってはっきりと名乗る

少しゆっくり話したって何秒と違わないですね。お客さまが聞き取れないのでは意味がありませんから、はっきりと話しましょう。

① 明るいトーンで
② ゆっくりと名乗る
③ 口を大きく動かして
④ 「○○銀行△△支店、（間をあけて）□□でございます」などと、銀行支店名の名乗りと苗字の名乗りに間をとる
⑤ 相手から聞き返されたときには、特にわかりにくい部分を、ゆっくり、はっきりという

(2) 受話器はお客さまより先に置く!?

> ——「はい、かしこまりました。今後とも、どうぞよろしくお願いいたします。お電話どうもありがとうございました」
> ！！！ガチャン！！！
> （ていねいな電話なのに、切り方が荒っぽいな。耳に響くよ!?）

「先切り」は×

とてもていねいな電話応対なのに、最後に耳元で「ガチャン」となる受話器を置く音が聞こえるとがっかりします。忙しい店頭の仕事中での電話であることはわかりますが、会話が終わった途端に、受話器を置くのは品がよくありません。

相手が切るのを待って

「電話の掛け手に用事があって電話をしているので、掛け手が自分の用事がすべて済んだと思ったら電話を切る」という考え方で、基本的には、電話は掛け手が先に切ります。

しかし、銀行のお客さまとの電話の場合は、こちらが受け手であろうと掛け手であろうと、お客さまが切るのを待ってから、静かに受話器を置きましょう。

ていねいなお客さまは、銀行員が切るまで受話器を置かずに待ってくださいます。この場合は、両者にらみ合って電話が切れずとならないように、数秒待ってから受話器を置きます。

「切」ボタンに注意

プッシュ式の電話機の場合、受話器を置く前に「切」ボタンを押すことで、すぐに電話を切ってしまう失礼がないか、確認しましょう。

(3) 電話も元気に大きな声で!?

　――「はい、○○銀行△△支店、□□でございます！」
　（電話中）
　――「かしこまりました。杉村さまですね。それでは、明日（みょうにち）18日に、融資の件で担当の加藤に電話をさせます！」
　ロビーで待っているお客さま……（元気がよくていいなあ。しかし、電話の声が筒抜けだぞ。杉村さんは融資を受けるのかな……!?）

「大声電話」は×

　大きな声でのあいさつは、支店に活気を感じさせ気持ちがよいものです。明るくはっきりとしたあいさつは、相手がみえない電話の場合も、そんな支店の雰囲気を伝えてくれます。
　しかし、そのまま大きな声で会話を続けることで、お客さまの取引内容がロビーのお客さまに聞こえていることはありませんか。

相手に聞こえる声で

　元気のよいあいさつは大歓迎ですが、その後の電話の内容は、電話口の相手に伝わればよいのですから、声を張り上げるのはやめましょう。声を大きくするのではなく、口を開けてはっきりと話すことで、相手に聞き取りやすくします。

「保留」を上手に使う

　電話の途中で内容を調べたりするときには、必ず保留ボタンを押します。調べながらの独り言や周囲へ相談した内容などは、小声であっても、電話の相手に聞こえています。
　また、受話器を通して聞こえる笑い声ほど不愉快なものはありませんので、電話中の担当者のそばにいる人は注意しましょう。特に、閉店後の電話では油断しますので、要注意です。

(4) 「えぇっと、少々お待ちください」!?

> 「もしもし、機械ではいくらまでおろせるんですか？ お宅の機械以外でおろしても同じなんでしょうか？」
> ——「えぇっと（間が空く）、少々お待ちいただけますか？」
> （「えぇっと」って困っているみたいね。わかっていないのかしら!?）

「えぇっと」は×

問合せの電話をしたときによく聞かれる反応が「えぇっと」です。この後、少しの間があって「少々お待ちください」。「えぇっと」の間に考えたけれどわからず、とりあえず待ってもらうことにしたのがバレバレです。

質問内容を復唱確認

自分では答えられない内容の質問だったら、詰まったり、困ったりする様子をみせずに、以下のような対応をしましょう。

① 調べる旨伝える
② 質問の内容を復唱確認する
③ 内容により、折り返し電話をするか、そのまま待ってもらうか伝える（長くかかりそうな場合は、電話を折り返す）

事例を言い換えると以下のようになります。

> 「もしもし、機械ではいくらまでおろせるんですか？ お宅の機械以外でおろしても同じなんでしょうか？」
> ——「かしこまりました、確認をいたします。ご質問は、自動機で現金がいくらまでお引出しできるか、私どもの機械と他行の機械のそれぞれの場合についてということですね」
> 「そうです」
> ——「すぐに確認いたしますので、このまま少々お待ちいただいてもよろしいでしょうか？」

(5) アポ取り電話はお客さま都合で!?

> 渉外担当者がお客さまに訪問の約束をするため電話をかけています。
> ——「それでは橋本さま、明日のお時間は何時ごろがよろしいでしょうか？」
> ——「かしこまりました。それでは14時、午後2時にお伺いしますので、どうぞよろしくお願いいたします」
> （まいったな。その前にアポイントをいれた田村さんの家から離れているから、時間がかかるな!?）

「お客さま任せ」は×

先にお客さまに都合を聞いてしまうと、事例のように効率の悪い順路での渉外活動になってしまうおそれがあります。

こちらから提案

もちろん、お客さまの都合を無視するわけにはいきませんが、まずはこちらから、都合のよい日時を提案しましょう。そのうえで、お客さまの都合が悪ければ、第二候補を告げたり、お客さまの都合のよい日時を聞いたりするとよいでしょう。

電話事前アポイント

電話でアポイントをとるときのポイントは、以下のとおりです。
　① 訪問目的を伝える（何のための訪問か）。
　　「〇〇のご案内にお伺いしたいのですが……」
　　「先日はご来店くださいまして、どうもありがとうございました。お礼かたがた、私どもの商品のご案内に伺いたいのですが……」
　② 日時を確認する（いつ訪問するか）。
　　「〇月〇日〇曜日の13時、午後1時ではご都合いかがでしょうか」
　　　※日にちだけでなく、曜日もいうことで間違いを防ぐ。

※4日（よっか）と8日（ようか）、2日（ふつか）と20日（はつか）などは、間違えやすいので注意。

　　※24時間表現と午前午後表現の両方をいい、間違いを防ぐ。

③　おおよその所要時間を伝える（どのくらい時間がかかるか）。
　「30分ほど、お時間をいただけませんでしょうか」

④　同行人数を伝える（何人で行くか）。
　「□□担当の◇◇と二人で参ります」

⑤　会社を訪問する場合などは、訪問場所を確認する（どこのだれを訪ねるのか）。
　「□□部の◇◇さまをお訪ねいたします」

⑥　アポイントがとれたらお礼をいう。
　「お時間をとっていただき、ありがとうございます」

⑦　アポイントから訪問まで期間があいた場合は、1～2日前に確認の電話を入れるとよい。

⑧　アポイント後に変更が生じたときは、すぐに先方へ連絡する。

Ⅲ
セールストーク・資産運用相談編

お客さまへの商品説明一つとっても、話し方により間違って伝わったり、誤解を生じたりすることがあります。正しい専門知識をお客さまに正しく理解してもらうためにはどのように話せばよいでしょうか。

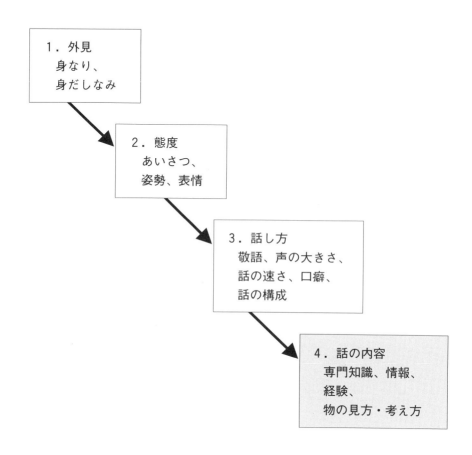

　本章では、第四の「評価の関所」である「話の内容」に主に焦点を当てて会話をみていきましょう。

1 ニーズ喚起では？

(1) 「私どもでお勧めなのは」!?

　――「総合口座の定期預金がまもなく満期でいらっしゃいますね。1年間どうもありがとうございました。こちらは、何かお使いのご予定がお決まりですか？」
「いいえ、そういうわけじゃないんだけれど……」
　――「かしこまりました。そうしますと、このまま定期預金をご継続いただけますでしょうか？」
「ううん、でも定期じゃいくらもふえないからね。どうしようかしら」
　――「確かに、いくらか金利が上がったとはいえ、定期預金ではまだ大きな利息を受け取るのはむずかしいですね。いま、私どもでお勧めしておりますのが、投資信託という商品なのですが、すでにご案内を差し上げましたでしょうか？」
「いいえ」
　――「それは、ご案内が遅くなり、申し訳ございません。私どもで、いまお勧めしている投資信託は……」
(「お勧め」っていうけれど、銀行が勧めるのって、銀行が儲けたい商品なんじゃないの!?)

「銀行でお勧めなのは」「私がお勧めはしているのは」は×

　「私どもで（銀行で）お勧めなのは」という言い方は、お客さまに合うものを勧める姿勢ではなく、銀行中心の言い方です。「私どもが儲かるためにお勧めしているのは」と聞こえてしまうおそれがあります。

　時々「私がいまお勧めしておりますのは……」と、自信たっぷりに自薦商品を紹介してくれる人がいますが、お客さまのことをあまり知らないのに、よく商品を決められるなとビックリします。「あなたの得意商品だから、私に説明しやすいだけなんじゃないの？」と、お客さまがうがった見方をしか

ねません。

　ことばでは「適合性の原則」にのっとってお客さまに提案をすることが必要なのはわかっているのでしょうが、実際には、銀行都合や自分都合でセールスしていないでしょうか。

お客さまに合った商品を提案する
　あちらこちらで繰り返されることですが、「適合性の原則」とは、「お客さまの『知識』『経験』『財産の状況』『金融商品取引契約を締結する目的』に照らして、不適合な勧誘をしてお客さま保護に欠けることのないようにしなければならない」という原則のことです。お客さまの知識や経験、財産状況、投資目的などを知ろうとしないで、だれにでも一律に提案しているということはないでしょうか。

　事例を途中から言い換えてみましょう。

> 「ううん、でも定期じゃいくらもふえないからね。どうしようかしら」
> ——「確かに、いくらか金利が上がったとはいえ、定期預金ではまだ大きな利息を受け取るのはむずかしいですね。預金の利息よりもふやすことをご希望でいらっしゃいますか？」
> 「そりゃあ、ふえれば嬉しいね」
> ——「そうですね、ふえれば嬉しいですね。いま、私どもでは、預金以外にふやすことを期待した商品なども取り扱っています。すでにご案内を差し上げましたでしょうか？」
> 「いいえ」
> ——「それは、ご案内が遅くなり、申し訳ございません。それでは、○○さまに合った商品を一緒に考えていきたいと思いますので、少しお話をさせていただけますでしょうか……」

キャンペーン中は
　キャンペーンで有利な商品だからという理由で、お客さまに声をかけることも多いでしょう。キャンペーンは、多くのお客さまのニーズに合うのでは

ないかという構想で企画されます。ですから、きっかけとして皆さまにご案内するのは悪いことではありません。でも、そんなときも言い方には注意しましょう。「いま私どもで一番お勧めなのは……」などということばが出てきやすい瞬間です。

　目の前のお客さまに合うかどうかを確認した後、

　　「いまでしたらキャンペーンで○○となっておりますので、お始めになるにはちょうど有利な時期ではないでしょうか」

などと、あくまでもお客さまに合うものを探したらその商品がキャンペーン商品でちょうどよかった、得な時期だったということをご案内するのです。

(2) 「1,000万円以上のお取引の場合ですが……」!?

> ――「金利がよいこちらの定期預金が人気ですが、いかがでしょうか？」
> 「そうね、これはずいぶん金利がいいわね」
> ――「ありがとうございます。ちょうどキャンペーン期間ですので、いまがチャンスですね」
> 「あらっ、こっちの定期はもっとよいじゃない？」
> ――「でも、こちらは1,000万円以上のお取引の場合ですので……」
> 「そうなの」
> （どうせ私は1,000万円もってるようにはみえないでしょうよ!?）

「初めから除外」は×

　最初から、この取引は高額なのであなたは範疇ではないという雰囲気で話されると「私はお金がないようにみえるのね」とお客さまは不愉快に思います。たとえ、本当に1,000万円もっていなくても、いい気はしないものです。高額条件がついた取引の案内時などに注意しましょう。

自行取引だけみてお客さまを除外しないように

　お客さまの資産運用先は、自行だけとは限りません。他行には多額の資産があるかもしれません。情報収集をしないまま、お客さまを対象からはずさないようにしましょう。上の事例を途中から見直すと以下のようになります。

> 「あらっ、こっちの定期はもっとよいじゃない？」
> ――「ご案内が遅れまして失礼いたしました。こちらの定期預金も、さきほどと同じ期間のキャンペーンで金利がよくなっています。1,000万円以上のお預入れをいただきますと、こちらの金利となり、たとえば1,000万円では、1年間に〇円の利息がつきます。

いかがでしょうか？」
「こっちは1,000万円以上なのね。ムリムリ」
――「○○さまが現在お考えのご資金は、普通預金の○円ですが、どちらかに合わせて定期預金にできるご資金はございませんか？」

(3) 「余裕があるようなので……」⁉

> ——「宮崎さま、いつも普通預金にたくさんの残高をありがとうございます。こちらは、何かご予定のご資金ですか？」
> 「いいえ、こうして置いておけば安心だからね」
> ——「そうしますと、いますぐお使いのご資金では？」
> 「そういうわけじゃないわ。しばらくは、『何』っていう使い道があるわけじゃないのよ」
> ——「宮崎さまは、ご資金の余裕があるようですので、このまま置いているともったいないですね。ぜひ、運用を考えてはいかがでしょうか？」
> （使い道が決まっていないだけで、余裕があるわけじゃないのよ⁉）

「余裕がある」「余裕資金」は×

生活資金や短・中期で資金使途が決まっているお金を確保したうえで、ふやすための運用を勧めるのはよいことだと思います。しかし、使い道が決まっていないからといって、お客さまが「余裕がある」という感覚をもっていることは稀でしょう。お客さまから「そんなことないわよ」といわれてしまいます。

「当面お使い道の決まっていない資金」

ことばの綾ではありますが、「余裕資金」ではなく「当面お使い道の決まっていない資金」「しばらく様子をみられる資金」など言い方を工夫しましょう。事例の最後の会話を言い換えると以下のようになります。

> ——「宮崎さまの普通預金は、当面、お使いの予定はないご資金とのことですので、このまま置いているともったいないですね。ぜひ、運用を考えてはいかがでしょうか？」

(4)「結構残高がございますので」!?

――「水野さま、水野和夫さま。お待たせいたしました。(通帳をさして) こちらのご入金でしたね。どうぞ、お確かめください」
「ありがとう」
――「ところで、水野さま。先ほど通帳を拝見させていただきましたら、普通預金に結構残高がございます。こちらは、お使いのご予定がおありですか?」
「いえ、別にないけれど……」
(「結構ある」なんて評価するみたいな言い方するね!?)

「結構ある」は×
　残高が「たくさんある」という気持ちで「結構ある」というのでしょうが、「結構」といわれると、評価されているような気分になりますので、注意が必要です。

「たくさん」「まとまった」
　残高が「たくさんある」と思ったら、そのまま「たくさんの残高」といえば、まっすぐに伝わるでしょう。また、「たくさん」というと「そんなに『たくさん』ではないわよ」などと反論されてしまいそうな金額の場合は、「まとまったお金」というなどの工夫をしましょう。

残高感覚のマヒに注意
　商売でお金を見慣れてしまい、感覚をマヒさせないように注意しましょう。先日、あるテラーがこんなことをつぶやいていました。
　「100万円で投信を契約してくださったお客さまに対して、『資産内容からみて500万円くらい大丈夫そうなのに、なんだ100万円か』って心のなかで思ってしまったんです。目標数字に向かって頑張らなければという気持ちが強すぎて、100万円ではなかなか目標に届かないって思ってし

まったんですね。お客さまにとっては100万円という大きな資金を投資してくださったのに、自分の感覚がマヒしてしまっているんだなと反省しました」

　正直で貴重な意見ですね。皆さんにも、お客さまの10万円、20万円や100万円、200万円が少しのお金にみえてはいませんか。

通帳をみたことを強調しない

　通帳内容からセールスのきっかけをつかもうとするときに、「通帳を拝見させていただきましたところ……」などと、通帳をみたことを教えてくれるテラーがいます。

　悪いことではありませんが、あまり強調されると、お客さまは「あんまりジロジロみないでよ」といいたくなるものです。手続をする以上、行職員が通帳をみて確認することはわかっているのですが、それでもお客さまは「ジロジロみられたくないな」という心理をもっているのです。

　わざわざこのことばをいわずに、通帳内容を頭に入れて、
　　「普通預金に残高をたくさん置いていただきまして、どうもありがとうございます」
　　「こちらの口座でお給料をお受取りいただきまして、どうもありがとうございます」
　　「いつもは、自動機をご利用いただいているのですね。どうもありがとうございます」
など、提案につなげたい箇所に注目して、自然にサラッとお礼をいうことから始めてはいかがでしょうか。

⑸ 「定期預金なんかよりよいですよ」⁉

「これ、また定期にしておいてくれる？」
——「ありがとうございます。期間は、何年になさいますか？」
「そうねえ。まあしばらく使わないから長くてもいいんだけれど……。金利はどうなっているの？」
——「これまでお預入れをいただいていた1年物ですと○％、3年物で○％、5年物は○％です。高橋さま、こちらはしばらくお使いのご予定のないご資金なのですか？」
「まあ、そうね」
——「こちらのご資金を運用してふやすことをお考えになったことはございませんか？　定期なんかより、ずっと利回りがよいですよ」
(「定期なんか」って、定期ってそんなに駄目な商品だったの⁉)

「既存商品否定」は×

　商品ごとの比較が有効なときもあるでしょう。しかし、投資信託などの市場性商品を勧めたいばかりに、定期預金を否定するのは感心できません。お客さまは、「この間まで、熱心に定期預金を売っていましたよね。あまりよくない商品を勧めていたんですか」などと意地悪な考えをもってしまうかもしれません。

預金には預金のよさがある

　皆さんは十分認識していると思いますが、定期預金には、満期日に約束した利息をつけて元本を戻すという、市場性商品にはない元本保証の魅力があるわけですから、商品そのものを否定した言い方をしないように注意しましょう。
　事例を、定期預金を否定しない会話で展開すると以下のようになります。

——「高橋さま、こちらはしばらくお使いのご予定のないご資金なの

ですか？」

「まあ、そうね」

――「それでしたら、これまでに、こちらのご資金を運用してふやすことをお考えになったことはございませんか？　定期預金は、残念ながら現在はあまりよい利回りではありませんが、確実に利息と元本を受け取れるよさがございます。半面、ご資金を運用すると元本の保証はありませんが、運用により定期預金よりも高い利回りを期待することができます。商品それぞれのよさがございますので、お客さまの今後の予定やご希望などに合わせて商品をお選びいただくのがよいと思います。高橋さまのこちらのご資金の一部を定期預金とは違った特性の商品で運用してみるのも一つの方法ではないでしょうか」

　市場性商品を扱うようになり、定期預金の「安全性」という魅力がクローズアップされるようになりました。これまで当たり前だと思っていた特長を、お客さまにアピールしたいものです。

⑹ 「〇〇さまのような方でも少額からできます」⁉

　——「投資信託で資産を運用するのは、いかがでしょうか？」
　「資産運用っていったって、資産なんていうほどのお金はないわ」
　——「投資信託を積立てでしていただくこともできるんですよ。投信積立てでしたら1万円からできますので、土屋さまのような方でも、お手軽に始められるのではないでしょうか」
　(「土屋さまのような方でも」って、どうせお金のない客よ、失礼ね⁉)

「〇〇さまのような方でも」は×
　少額から始められる積立てなどの特長を案内するために、つい出てしまうことば。「土屋さまのような方でも1万円から手軽に始められる」、イコール「土屋さまは少額しかもっていない」と聞こえるので要注意です。

一般論でいう
　「お金はないわ」と金額を気にしているお客さまに対して、「〇〇さまのような方でもできますよ」と小さい金額での取引を勧めたのでは、あまりにも失礼ですね。目の前のお客さまに限定した言い方でなく、一般論として話しましょう。
　たとえば、事例を以下のように言い換えてはいかがでしょうか。

　——「投資信託を積立てでしていただくこともできます。投信積立てでしたら1万円からできますので、みなさん、手軽に始められるとおっしゃいます。いかがでしょうか」

お客さまの残高に合わせた話の仕方を工夫
　また、定期預金でも投資信託でも、個人年金保険でも、積立商品でも、と

にかくすべての商品について、最低取引金額で勧めるのが好きな人が多いようです。

　確かにいくらから取引できるかを伝えるのは大切です。しかし、たくさんの資金で取引を考えているお客さまなのに、最低取引単位で説明するのは、お客さまに合った説明といえるでしょうか。

　運用資金を確認したうえで、お客さまの金額に合わせて説明しましょう。

⑺ 「早く準備していただかなければなりません」⁉

――「小川さま、こちらの口座から小学校関係の費用のお引落しをいただき、どうもありがとうございます。お子さまは何年生になられましたか？」
「まだ入学したばかりなのよ」
――「１年生ですか。もう学校には慣れましたか？」
「ええ、人見知りだから最初は心配したけれど、毎日楽しそうに通学しているから、助かるわ」
――「よかったですね。お子さまが小学生ですと、どちらかでお子さまのためのお積立てはお始めでしょうか？」
「いいえ、もう必要かしら？」
――「そうですね。お子さまが生まれたときに準備を始める方が７割というデータもございます。教育費は、仮に幼稚園から大学まで公立学校に行ったとしても、お子さま一人で1,000万円ともいわれています。とても、たくさんかかるんですよ。早いうちから準備していただく必要がございますね」
（教育費がかかることくらい、私のほうがよくわかっていると思うけれど……。「必要がある」ってあなたに決められてもねえ⁉）

「説教的言い方」は×

データを使って説得力を高めようという姿勢は買います。しかし、「たくさんかかるんですよ」と教え込むようにいわれると、「あなたにいわれなくたって、教育費の大変さは、子育てをしている私のほうがよっぽどわかっているわよ」と反発する気持ちになります。特に、お客さまより人生経験の浅い、若い人は要注意です。

「～が必要です」「～するべきです」などの「べき論」で説明していませんか。

お客さまに聞く

　たとえデータを用いるにしても、実際にはどうなのかを、
　　「教育費はずいぶんとかかると聞きますが、そうなんですか？」
　　「早い準備が必要と感じる人が多いとデータでは出ていますが、○○さまは、どのようにお考えでしょうか？」
などと、お客さまに聞いてみるとよいでしょう。
　事例を言い換えると以下のようになります。

> ──「よかったですね。お子さまが小学生ですと、どちらかでお子さまのためのお積立てはお始めでしょうか？」
> 「いいえ、もう必要かしら？」
> ──「お子さまが生まれたときに準備を始める方が７割というデータもございましたので、小川さまはいかがかと思ってお尋ねしました」
> 「あら、そんなに早くから準備するものなのね」
> ──「教育費は、仮に幼稚園から大学まで公立学校に行ったとしても、お子さま一人で1,000万円ともいわれています。小川さまは、教育費についてはどのようにお考えでいらっしゃいますか？」
> 「そうね。まだ小学生だから何とかなっているけれど、上に行くと、何やかや必要なのかしらと思うわ」
> ──「そうなんですね。そうしますと、これを機にご準備を始められてはいかがでしょうか？」
> 「そうね、そろそろ準備したほうがよいかしら？　あんまりたくさんはできないけれどね」
> ──「ありがとうございます」

(8) 「長生きをしてしまうと……」!?

――「坪井さま、『長生きのリスク』ということばをお聞きになったことはございますか？」

「え、何それ？」

――「はい、老後のゆとりある生活資金は、夫婦二人で月々約38万円といわれています。それに対して、公的年金は、坪井さまのように厚生年金を受け取られる方で、平均すると夫婦二人で約23万円です。長生きをしてしまうと、どんどん貯蓄を切り崩して生活をすることになり大変です。ぜひ、いまのうちから老後に向けてご準備を始めませんか？」

(「長生きしてしまう」って、長生きしちゃ悪いかしら!?)

「長生き」を否定しては×

老後の備えを訴えたい気持ちはわかります。しかし、長生きすることが悪いことのように聞こえる言い方をするとお客さまは抵抗を覚えます。「長生きのリスク」「長生きをしてしまうと」など、長生きを否定した言い方をして、お客さまに「長生きして悪い!?」なんて思わせていませんか。

ニーズ喚起の情報提供

「長生き」ということばが出てくるのは、老後の生活資金や年金について情報提供して、老後資金準備のニーズ喚起をしたいということでしょう。悪いことばでいえば、お客さまの老後不安をあおって資金準備の必要性を感じていただくことになりますから、言い方には十分な注意が必要です。

また、お客さまに「ちょっと不安を感じたけれど、いろいろなことを教えてもらえたから、ここで話してよかった」と不安解消もしくは不安解消のきっかけをもって帰ってもらえるようにしたいものです。情報提供できるだけの知識をもっていることはもちろん、資料も準備しておきましょう。

事例を別の言い方にすると以下のようになります。

――「いまは、早い時期から年金についてお調べになったり、退職後の資金準備を始める方も少なくないのですが、坪井さまはいかがですか？」

「いえ、うちは何もしていないわ。調べておいたほうがよいのかしら？」

――「こちらは簡単なデータですが、老後のゆとりある生活資金は、夫婦二人で月々約38万円といわれています。それに対して、公的年金は、坪井さまのように厚生年金を受け取れる方で、平均すると夫婦二人で約23万円です」

「あら、年金じゃ足りないじゃない。うちはいくらくらいもらえるのかしら？」

――「はい、現在は50歳以上になりますと、年金事務所で年金の加入記録や見込額が調べられます。年金事務所に出かけるか、電話やインターネットで日本年金機構に問い合わせることもできます。坪井さまも一度お調べになると、ご安心かもしれませんね」

「そうね、早速調べてみるわ。年金事務所ね？」

――「はい、こちらが近くの年金事務所の地図です。ご主人さまと奥さまの年金手帳と認印をもっていらっしゃれば、その場で調べてもらった結果を受け取れます」

「ありがとう。でも老後が不安っていやね」

――「そうおっしゃる方が多いですね。貯蓄を切り崩して生活をするだけでは不安なので、早いうちからご自身で年金を補足できるようにご準備を始める方もいらっしゃいます。坪井さまも、これを機に、ご検討なさってはいかがですか？」

(9) 「老後生活は……、年金生活は……」!?

> 50歳代後半の給与振込口座の指定を受けているお客さまに、退職や年金の話題から会話を展開したいと考え、夫人にアプローチしました。
> ——「中野さま、失礼ですが、ご主人さまはおいくつになられましたでしょうか？」
> 「主人？　59歳よ。もうすぐ退職ねえ」
> ——「もうご退職でいらっしゃいますか、早いですね。ご退職の時期はいつでいらっしゃいますか？」
> 「来年の３月なの」
> ——「さようでございますか。そうしますと、それ以降の老後生活のご予定はいかがでしょうか？」
> （老後!?　なんだかしょぼくれちゃうような言い方ね。まだそんな年じゃないわよ!?）

「老後生活」「年金生活」は×

　団塊の世代の退職を迎え、多くの業界が退職後の生活に注目しています。もちろん金融機関もその一つです。これまでよりも年金受給のアプローチを早めたり、年金情報の提供を熱心に行ったり……。
　そのこと自体は意義のあることですが、声をかける際に「老後生活」「年金生活」という言い方をして、お客さまを年寄り扱いしている印象を与えていませんか。

前向きに今後を尋ねる

　人生約80年の時代です。50歳代、60歳代といえば、まだまだ若く元気です。そのようなお客さまに対して「老後」とまくし立て、しょぼくれた生活のイメージを与えては、不愉快に思われても仕方ありません。
　新しい仕事を始める、ボランティアを始める、新たな趣味に挑戦するなど、退職後の時間には新しい世界が待っている人が大勢います。退職後は何

をするのかを、ぜひ、前向きに聞いてください。

なぜ年齢を尋ねるのか

　また、突然お客さまに年齢を尋ねるのも感心しません。いったい何事かとビックリするお客さまもいます。なぜ年齢を尋ねるのかお客さまが納得できる説明をしてからにしましょう。

　事例を言い換えると以下のようになります。

>　――「中野さま、まだまだ先の話だとは思いますが、どちらかで年金についてお聞きになったことはございますか？」
>
> 「いいえ」
>
>　――「最近は、早くから年金を気にされる方が多いのですが、中野さまのご興味はいかがですか？」
>
> 「そうね、私も気になるわ」
>
>　――「かしこまりました。中野さま、年金制度は生年月日で異なる部分も多いものですから、失礼ですが、ご主人さまの生年月日を教えていただいてもよろしいでしょうか？」
>
> 「主人？　昭和32年10月生まれよ」
>
>　――「ありがとうございます。昭和32年生まれですと、59歳でいらっしゃいますね」
>
> 「そう、もうすぐ退職ねえ」
>
>　――「もうご退職でいらっしゃいますか、早いですね。ご退職の時期はいつでいらっしゃいますか？」
>
> 「来年の３月なの」
>
>　――「さようでございますか。そうしますと、それ以降のご予定はいかがでしょうか？」

2　情報収集は？

(1)　「解約ですと、お使い道がお決まりですか」!?

「きょうは、これを解約してくれるかしら」
── 「はい。佐藤さま、〇月〇日満期の定期預金のご解約ですね。こちらは、お使い道がお決まりですか？」
「ええ、ちょっとね」
── 「どのようなお使い道ですか？」
「まあね」
── 「お使い道をお聞かせいただけないでしょうか？」
（しつこいわねこのテラー。私のお金をどう使おうと勝手でしょ!?）

「お礼なし質問」「何度も質問」は×

　先述したとおり、入金時にはたくさんのお礼をいうのに、解約や支払いではお礼をいわずに資金使途や解約事由を聞く人が少なくありません。
　加えて、なかなか使い道を答えてくれないからとしつこい聞き方になり、お客さまを怒らせてしまう場合があります。

質問は聞き方を変えて

　「解約理由を聞きたいけれど、すべてのお客さまが答えてくれるわけではないし、むずかしい」という声をよく聞きます。
　まずは、取引に対するお礼をきちんということ。だれでもお礼をいわれれば気分がよいものですから、答えてもらいやすい雰囲気になります。
　次に、聞き方を変えて質問をすると有効です。
　① 　直接聞く
　② 　試しにいってみる
　③ 　途中までいう
などの方法を組み合わせて聞きましょう。

Ⅲ　セールストーク・資産運用相談編

また、なかなか答えていただけないときには、質問のテーマを変えるのも効果的です。
　事例を、三つの質問方法を取り入れ、最後は質問テーマを資金使途から金額に転換して聞き直すようにすると、以下のようになります。

> 「きょうは、これを解約してくれるかしら」
> ——「はい。佐藤さま、〇月〇日満期の定期預金のご解約ですね。こちらは、お使い道がお決まりですか？」
> 「ええ、ちょっとね」
> ——「大きなお買い物か何かでしょうか？」
> 「まあね」
> ——「全額をご入用で……？」
> 「全部っていうわけじゃないんだけれどね」
> ——「かしこまりました。本日は、現金でお持ち帰りですか？　もし、お買い物でしたら、お振込などはいかがでしょうか？　大きなご資金を持ち歩くより安心かと思いますが……」
> 「でも、家具屋さんに現金で支払うっていっちゃったし、きょうは現金で持ち帰りたいわ」
> ——「かしこまりました。家具を購入されたのですか？　新しい家具とはいいですね」
> 「今までの食器棚がボロボロだったから、やっとね」

(2)「投資経験はございますか」「株をやっているのでしょうか」「長くやっているのですか」!?

「少しはふやすことも考えてみようかしら」
── 「ありがとうございます。ところで、村岡さまは、これまでに株や債券などへの投資経験はございますか？」
「まあ、ちょっとね」
── 「株をなさっているのでしょうか？」
「そうね」
── 「もう長くなるのですか？」
「ええ」
── 「証券会社さんをご利用でいらっしゃいますか？」
「そうよ……」
（ちょ、ちょっと、そんなに立て続けに聞かないで!?）

「畳みかけ質問」は×

情報収集は重要ですが、畳みかけるような質問では逆効果です。お客さまにしてみれば、追い詰められるような気がして、「ここは警察ですか？」「尋問しているのですか？」といいたくもなります。

オープン・クエスチョンを活用して

畳みかけるようになってしまうのは、クローズド・クエスチョンが繰り返される場合が多いようです。クローズド・クエスチョンとは、YES、NOで答えられる質問です。質問に対して、お客さまが「はい」「いいえ」の答えで終わってしまうので、会話が発展せず、すぐにこちらが話す番となり、事例のようにお客さまの短い答えが続いてしまいます。

「何」「いつ」「どこ」「どのように」などのオープン・クエスチョンを上手に活用して、お客さまがたくさん話せるようにしましょう。

事例をオープン・クエスチョンで展開すると以下のようになります。

――「ありがとうございます。ところで、村岡さまは、これまでに預金以外にはどのような商品に投資なさっていらっしゃいますか？」
「預金以外？　株を少しね」
　――「さようでございますか。お始めになってどのくらいなのですか？」
「そうねえ、長いだけは長いのよ。もう20年になるかしら……。でも長いだけでなかなかねえ」
　――「20年でいらっしゃいますか、それはたくさんの経験がおありなのですね。どちらの証券会社をご利用なのですか？」
「駅前の○○証券よ」

　このように会話のなかでスムーズに感じよく質問ができれば、金融商品取引法の施行に伴い用意した「ご相談シート」などのヒアリング項目も抵抗なく聞きだせるはずです。

(3) 「よそでやっているのよ」「そうですか」!?

> 商品説明を終えて……
> ――「こちらの商品はいかがでしょうか？」
> 「そうね。でもこれ、よそでやっているのよ」
> ――「そうですか……」
> （あら、暗くうつむいてしまって。がっかりしちゃったかしら!?）

「がっかり態度」は×

　笑い話のようですが、お客さまから「よそでやっている」といわれると、いかにも「玉砕！」という表情になり、そこでアプローチを終了してしまう人が大勢います。皆さんも、がっかりしてしばらくことばが出なくなる、もしくは、さっさとお客さまを帰してしまうときがありませんか。

他行情報を聞き出すチャンス

　「よそでやっている」というお客さまのことばは、情報収集のきっかけを与えてくれることばといっても過言ではありません。
　この商品に関してだけでも、
  ① どこで
  ② いつから
  ③ いくらくらい
  ④ 運用成果は
  ⑤ 感想は
など、聞きたいことはいっぱいありますね。
　興味を広げれば、さらに聞きたいことがたくさんあります。
  ① 他の取引商品は
  ② 取引の長さは
  ③ 現在、案内を受けていてご検討中の商品は　など
そこで会話をやめてしまわずに、率直に他行取引について聞きましょう。

事例を言い換えると以下のようになります。

> 「そうね。でもこれ、よそでやっているのよ」
> ──「それは失礼いたしました。どちらでなさっているのですか？」
> 「ええ、駅前の証券会社でね」
> ──「さようでしたか。証券会社さんとはもう長いお付き合いなのですか？」
> 「まあね」
> ──「そうしますと、こちらの商品の購入時期はいつごろでいらっしゃいますか？」
> 「これは、3年ほど前かしら？」
> ──「3年前ですね。それでは、基準価額が大分上がったのではないでしょうか？」
> 「お蔭さまで、これはうまくいっているわね」
> ──「利益確定の売却などもご検討なのですか？」

などなど、会話を続ければまだまだ聞けそうです。

万が一、お客さまがあまり答えたくなさそうなときには、そこで会話をやめればよいでしょう。

自行での取引検討を聞く

他行情報を聞き出すだけでなく、自行での取引をどのように考えているかを聞くことも考えられます。

> ──「○○さま、証券会社さんでいろいろな投資をなさっているようですが、私どもに置いていただいているご資金では、今後、どのような運用をご計画でいらっしゃいますか？」
> 「まだ、何も考えていなかったわ」
> ──「こちらに商品一覧がございますが、ご興味のあるものはございますでしょうか？」

(4) 「もしよろしかったら……」!?

> ——「ただいまご案内いたしましたように、こちらの商品は藤田さまのご希望にも適う商品だと思うのですが、もしよろしかったらご検討いただけないでしょうか？　確かにリスクはございますが、比較的安定した運用を目指しておりますし、もしよろしかったらご主人とも相談していただいて……」
>
> （そんなに強調しなくたって、よろしくなかったらやらないわよ!?）

「もしよろしかったら」は×

　セールスの際によく出てくることばが、「もしよろしかったら」です。1回くらいならばよいですが、口癖になっていないかチェックしましょう。お客さまが「本当はよろしくない商品を無理やり勧めているのでは？」と思ってしまうかもしれません。

ヒアリングのチャンス

　お客さまは、「よろしくなければ利用しません」から、「よろしかったら」は削除してもよいことばでしょう。

　むしろ、このことばが出るときは、ヒアリングのチャンスだということに注目して欲しいのです。「よろしかったら」というくらいなら、「よろしい」か「よろしくないか」を聞いてみましょう。反応を確かめたうえで、お客さまに合ったものを「ぜひ」と提案できるようにしたいです。

　上の事例から「よろしかったら」をとると以下のようになります。

> ——「ただいまご案内いたしましたように、こちらの商品は藤田さまのご希望にも適う商品だと思うのですが、いかがでしょうか？」
> 「そうね。でもリスクが気になるわね」
> ——「確かにリスクはございますが、比較的安定した運用を目指しております。ご主人さまは、今後の運用につきましてどのようにお

考えでしょうか？」
「聞いてみなくちゃわからないから、相談してみるわ」
――「ありがとうございます」

3 商品説明では？

(1)「ご存知ですか」!?

適合性の判断を終えて……
―― 「資産をふやすことにご興味がおありなんですね」
「そりゃあ、ふえればそれに越したことないわ」
―― 「私どもでは、投資信託などの商品も揃えておりますが、投資信託についてはご存知でしょうか？」
「名前だけは聞いたことあるけれど、よくわからないわ」
―― 「まだ内容はご存知ないのですね。かしこまりました」
（もう、知らないことをそんなに強調しなくたっていいじゃない。だいたい、あなたが案内してくれないから知らないんじゃないの!?）

「ご存知ですか？」は×

お客さまに合わせて説明をするためには、お客さまの知識レベルを確認することが重要です。しかし、「ご存知ですか？」は、言い方によっては、相手を馬鹿にしたように聞こえるので要注意です。お客さまから「知らなくて悪かったわね」と思われないようにしましょう。

ご案内したかの確認

皆さんは学校の先生ではありませんから、お客さまの知識レベルの確認にも配慮が必要です。そもそも、お客さまが知らないのは案内を受けていないからですから、案内不足をお詫びしましょう。事例を言い換えると以下のようになります。

―― 「私どもでは投資信託などの商品も揃えておりますが、すでにご案内させていただきましたでしょうか？」
「いいえ」

――「それはご案内が遅くなり申し訳ございません。どうぞ、こちらのパンフレットをご覧くださいませ」

このようにいわれれば、お客さまは案内の遅れを謝られるほどよい商品なのかと期待します。

(2) 「一から説明させていただきます」!?

　　——「○○さまは、株式や投資信託のご経験などはございますか？」
　「いいえ、預金ばかりだから」
　　——「私どもにもたくさんのご預金を置いてくださり、どうもありがとうございます。それでは、投資信託はまったく初めてでいらっしゃいますね？」
　「そうなの」
　　——「かしこまりました。それでは一から説明させていただきます」
　（「一から」って念を押すなんて。まったく知らなくて悪かったわね!?）

「無知扱い」は×

　「一から」と念を押されると、お客さまは「本当に私は何も知らないのだな」と思ってしまいます。聞き方によっては失礼な表現ですね。お客さまの神経を逆撫でしないように配慮しましょう。
　同じ理由で、「まったく初めて」ということばも使わないほうが賢明です。

最初に説明する項目を示す

　「一から」という意味が、基本項目である投資信託の仕組みからということなら、そのままのことばを使えばよいですね。事例を言い換えると以下のようになります。

　　——「○○さまは、株式や投資信託のご経験などはございますか？」
　「いいえ、預金ばかりだから」
　　——「私どもにもたくさんのご預金を置いてくださり、どうもありがとうございます。それでは、投資信託は今回が初めてでいらっしゃいますね？」
　「そうなの」

――「かしこまりました。それでは、まず投資信託の仕組みからご説明させていただいてよろしいでしょうか」
「お願いするわ」

(3)「この商品の特長は、……(ペラペラペラ)……」!?

——「それでは、こちらのパンフレットをご覧くださいませ。こちらの商品の仕組みにつきましては……(ペラペラペラ)……。預金と違うところは……(ペラペラペラ)……。魅力は……(ペラペラペラ)……。そして、よいことばかりではないので、リスクがあることもご理解いただきたいのですが……(ペラペラペラ)……」

(この人、一人でよく喋るわねえ。私の意見も少しは聞いて欲しいんですけれど!?)

「一人喋り」は×

　知識が豊富で、饒舌な人にみられるのが、一人でペラペラと説明を続けることです。このようなテラーに会うと、私は「このまま喋らせたら1時間は楽勝かしら?」なんて、聞きながら、まったく別のことを考えてしまいます。

　これでは、お客さま情報の収集はいつまで経ってもできそうもないですね。

お客さまの反応を確かめながら

　複雑な商品になればなるほど説明に時間がかかるのは否めません。しかし、そんな商品だからこそ、途中でお客さまの理解度などを確かめながら説明を進めなければなりません。お客さまからすると「よくわからないまま担当者の演説が終わっていた」なんていうことになってしまいます。

　研修でロールプレイング実習をすると、お客さま役から「もっと喋らせて欲しかった」という感想が出ることが多いのが実態です。お客さまは、自分の希望や意見をいいたいということです。

　説明が途中でも、あえてお客さまに話を振りましょう。お客さまが何を疑問に思っているか、質問を受けられれば、説明は成功といってよいでしょ

う。質問は興味の証しです。

　お客さまの質問を受けられるように事例を言い換えると、以下のようになります。

> ——「それでは、こちらのパンフレットをご覧くださいませ。こちらの商品の仕組みにつきましては……（ペラペラペラ）……。預金と違うところは……（ペラペラペラ）……なのですが、ここまでいかがでしょうか？」
> 「ううん、預金とはずいぶん違うみたいね。元本が保証されていないっていうのは怖い気がするわね」
> ——「そうですね、元本保証でない点は、預金との大きな違いです。こちらの商品では……（ペラペラペラ）……。ほかに、何か気になるところはございますか？」

　お客さまに話すタイミングを提供した結果、お客さまから質問や意見が返ってくるようなら大成功です。そこで、お客さまの興味などが把握できますので、そのお客さまに合った説明・提案ができます。

(4) 「○○についてはいかがですか？
こちらはですね……」!?

　――「○○という商品なのですが、いかがでしょうか？　こちらはですね、このような魅力がある半面、リスクもありますのでご注意ください。リスクは気になりますか？　この商品のリスクは……」
（この人、質問は全部自分で答えるのね？　こちらが話す暇がないじゃない!?）

「一人答え」は×
　皆さんはお客さまに質問を投げかけておきながら、また自分で話し始めてしまうことはありませんか。とても多く見受けられる癖です。せっかく情報収集のできるよい質問を投げかけても、お客さまに答える暇を与えないのでは、元も子もありません。
　せっかちなのでしょうか。それとも、内容に自信がないから、何か質問されるのが嫌で、また自分が喋ってしまうのでしょうか。

反応を待つ
　せっかくの質問に自分で答えてしまわないようにするためには、じっと待つことが大切です。すべてのお客さまが話し好きで、「ツー」といえば「カー」とすぐに答えてくれればありがたいのでしょうが、なかにはじっくり考えてから答えたり、答えを濁したりするお客さまもいます。沈黙が辛いのは、あなただけではなくお客さまも同様です。少し待てば、話し始めてくれるはずです。
　もちろん、待っている間に怖い顔をしては駄目ですよ。笑顔でパンフレットに視線を落としたりして、プレッシャーを与えないように配慮しながら、なごやかな雰囲気で待ちましょう。

(5)「円高ドル安になると基準価額が下がります」!?

「いろいろなリスクがあるのね」
——「そうですね。森内さまがおっしゃるとおり、いくつかのリスクがございます。こちらは円建てではなく、複数の外国通貨に分散して投資をしておりますので、為替リスクがその一つです。たとえば、円高ドル安になると基準価額が下がります」
「そう、円高ドル安で基準価額が下がるのね!?」

複数通貨に投資しているのに「断定した言い方」は×

通貨を分散している投資信託の場合、ドル相場の影響だけで基準価額が上下するわけではありません。当然、他の通貨の影響がありますね。それなのに、「円高ドル安ですと基準価額が下がります」と言い切れてしまうのはなぜでしょう。

情報は正確に

正確には、「円高ドル安も基準価額が下がる要因の一つとなる」ですね。それならば、そのように正確に伝えましょう。

事例を言い換えると以下のようになります。

「いろいろなリスクがあるのね」
——「そうですね。森内さまがおっしゃるとおり、いくつかのリスクがございます。こちらは円建てではなく、複数の外国通貨に分散して投資をしておりますので、為替リスクがその一つです。たとえば、円高ドル安になると基準価額が下がる要因となります」
「なるほどね。ドルが影響するのね」
——「はい、投資割合が一番大きいドル相場の影響を最も受けることになります。しかし、複数の通貨に投資していますので、ドルだけでなく他の通貨の為替相場の動きも影響します」

4 お客さまからの質問では？

(1) 「何かよい商品はある？」「……」!?

――「このまま普通預金に置いておいては、もったいないですから、ぜひ運用をお考えになりませんか？」

「確かに普通預金ではもったいないわね。何かよい商品はあるかしら？」

――「そうですね……」

デモブックをめくる。パラパラ……、なかなかこれといった商品がみつからない。パラパラ……、パラパラ……。

「（しびれを切らして）いまはキャンペーンもないみたいだし、特にいい商品はないかしら？」

――「そうですねえ」

（え、お宅には、よい商品がないわけ……!?）

「『よい商品は？』に無反応」は×

キャンペーンがなければ「よい商品はない」と思い込んではいませんか。また、こちらで「売りたい商品＝よい商品」という図式を描いてはいませんか。

こちらの思い込みで、よい商品はないという印象を与えてしまっては大変です。

「よい」の意味を聞く

そもそも、お客さまが「よい」と思う商品とは、どのようなタイプの商品なのでしょうか。お客さまによって「よい」の意味は異なります。

① 安心して置いておけるものか
② ふやせるものか
③ 大きくふやすことはできないが、安定した運用のなかで収益を上げ

Ⅲ　セールストーク・資産運用相談編　147

るものか

　それを明らかにしないと、提案はできないはずです。まずは、お客さまに意味を聞きましょう。

　現在は、預金、国債、債券や株式、不動産に投資する投資信託、個人年金保険など、銀行ではさまざまな商品を扱っていますので、お客さまの選択肢が広がっています。お客さまの考えている「よい」を明らかにできれば、選択肢のなかから紹介できるはずです。

よい商品はたくさんあります

　扱っている商品が多様で、お客さまの選択肢が多いということは、「よい商品はたくさんある」ということです。それを率直にお伝えすることも大切です。

　事例を言い換えると以下のようになります。

> 「確かに普通預金ではもったいないわね。何かよい商品はあるかしら？」
> 　──「たくさんございます。ご希望のタイプによってたくさんの商品のなかからお選びいただけます。堀田さまがご希望の商品は、ふやすことを目標にした商品でしょうか？　それとも安全なものですか？　どのような商品がご希望でしょうか？」
> 「そうね、ふやせれば嬉しいけれど、安全じゃないと嫌だし……」
> 　──「そうしますと、ある程度安定した運用のなかで、預金より収益が上がることを期待したいということでしょうか？」

(2) 「自己責任となっておりますので……」!?

> 「この商品では、万が一、株価が下がってきたら、基準価額も下がるんでしょう？」
> ――「さようでございます。こちらは、複数の日本株に投資するものですので、分散投資をしているとはいえ、日本株全体が下がったときなどは、基準価額が下がってしまいますね」
> 「そんなときは、どうしたらよいのかしら？　心配ね」
> ――「万が一基準価額が下がったとしましても、それは、お客さまの自己責任となっておりますので、銀行がその損失を補てんすることはできないんですよ」
> （それはわかっているけれど、「自己責任」って冷たくいわれると、ますます不安だわ!?）

「冷たい言い方」は×

投資商品で利益が出ればそれはお客さまのものであり、銀行がよい商品を提案したご褒美としていくらかもらうわけではありません。同様に、損失が出た場合も、その損失を銀行が埋め合わせすることはできません。このことは、お客さまにもしっかりと理解していただく必要があります。

しかし、「お客さまの自己責任です」と冷たくいったのでは、お客さまの不安は増すばかりです。

共感と説明を

まずは、「下がるのは心配ね」という気持ちに共感を示しましょう。だれでも、理屈はわかっていても、保有する商品の値が下がって嬉しいはずはありません。

次に、心配を少しでも減らせる方法を提案します。

　①　値動きの異なる投資対象に分散投資する
　②　投資を長期で考える

ことにより、リスク軽減が図れることを説明します。

　事例を、言い換えると以下のようになります。

「そんなときは、どうしたらよいのかしら？　心配ね」

――「万が一、基準価額が下がった場合も銀行がその損失を補てんすることはできません。お客さまが不安に思われるのも、もっともだと思います。だからこそ、基準価額が下がった場合に、急なご入用などで解約する必要がないご資金で、様子をみることができるようにすることが大切です。また、ご資金全部を同じ商品に投資するのではなく、片方が下がっても片方が上がることが期待できるように、値動きの異なるいくつかの商品に分散して投資することも重要です」

「そうすると、いくつかの商品に分けたほうがよいのかしら？」

――「それも一つの方法です。もしくは、一つの投資信託のなかで、日本株、海外債券、不動産など、値動きの異なる投資対象で運用するものもございます」

(3) 「お客さまご自身でお決めください」!?

「この商品がよい気がするけれど、あなたはどう思う?」
——「私ですか？ 申し訳ございません。それは、お客さまご自身に決めていただかなければなりません」
（それはわかっているけれど、自分で判断できないから相談しているんじゃないの!?）

「突き放し」は×

市場性商品の損失はお客さまに帰属します。また、そのことをお客さまに理解してもらうことは大切です。しかし、あからさまに「お客さまご自身で」といわれると、お客さまは不安になり「絶対にこの商品は買えないな」と思ってしまいます。

お客さまは自分ですべてを決められないから、銀行に相談に来るわけです。それを突き放してしまったのでは、相談業務は始まりません。

相談に乗る

最終的にはお客さまに決めてもらうのですが、お客さまが判断できる材料を提供することが必要です。

お客さまの知識や経験、財産の状況、取引の目的に照らして、客観的にみてどのような商品が適合するか考え、提案をしましょう。また、お客さまの希望も忘れてはいけません。客観的にある程度のリスクをとれると判断しても、お客さまがリスクをとるのは嫌だと思っている場合があります。逆に、お客さまがリスクをとって大きくふやすことを望んでいても、客観的にムリがあると判断したら、その旨をアドバイスすることも必要です。

事例を言い換えると以下のようになります。

「この商品がよい気がするけれど、あなたはどう思う?」
——「三輪さまが今回お考えのご資金は、特にお使い道が決まってい

るわけではないとのことでしたね」
「ええ、あえていえば将来のためのお金ね」
　——「かしこまりました。三輪さまには、たくさんのご預金をいただき、また、他行さんでも着実な貯蓄をなさっているとのことでしたので、ここである程度のリスクをとってふやすことを考えるのは、一つの方法だと思います。しかし、預金以外の初めての運用になるとのことでしたので、大きくふやすことをねらって大きなリスクのある商品へ投資なさるよりも、こちらの商品のように、安定した運用を目指すもので、預金よりも高い利回りを目標に投資なさるほうがよろしいかと存じます」
「そうね、何倍にもしようっていうわけではないしね」
　——「そうですね。ただ、先ほどご説明させていただきましたとおり、安定した運用を目指す商品と申しましても、リスクがまったくなくなるわけではないことは、ご承知おきくださいませ」
「それは、わかったわ」
　——「ありがとうございます。こちらの商品が一番影響を受けますのは、為替相場です。外貨に対して円高になると、基準価額が下がる要因になるのは、よろしいでしょうか」
「それは、理解できたわ」
　——「ありがとうございます。この商品は、特にドルとユーロへの投資比率が高くなっています。こちらの為替相場表をご覧くださいませ。現在、対ドルではこのように、対ユーロではこのように推移しております。ですが、投資する通貨を分散することで、現在は、基準価額への影響は幾分抑えられております」
「ドルに対しては円高だけれど、ユーロに対しては円安だからね」
　——「三輪さまのおっしゃるとおりです。このようなリスクをご理解いただいたうえで、購入をご検討されてはいかがでしょうか」

5 クロージングは？

(1) 「それでは、またお考えください」!?

> ――「……という商品なのですがいかがでしょうか？」
> 「そうねえ、リスクがあるのは気になるわね」
> ――「さようでございますか。それでは、本日の説明に使いましたパンフレットをお入れいたしますので、ご自宅でご覧になって、ゆっくりとご検討いただけますでしょうか」
> （えっ、気になる点はそのままで、もう帰されちゃうわけ!?）

早すぎる「お考えください」は×

　投資型商品などの取引を始めてもらう際に、お客さまにじっくり考えたうえで結論を出してもらうことは大切です。しかし、説明中に、あまりにも早く「また、お考えください」などといわれると、お客さまは、その場で始めようと思った気持ちも失せてしまいます。そして、「これ以上の説明は面倒くさいのかな」「忙しいから帰されるのかな」と感じるものです。もう一歩突っ込んで考えたかったというお客さまにしてみれば、出鼻をくじかれる思いです。

　自信がないときに、こんな対応をしていませんか。

気になる点は解決する

　また、お客さまが「リスクがあるのは気になる」といっているのに、その心配を解決しないで帰してしまうのも、問題です。疑問点や不安点には、しっかりと答えたうえで、ご自宅などでじっくりと検討してもらいましょう。事例を言い換えると以下のようになります。

> ――「……という商品なのですがいかがでしょうか？」
> 「そうねえ、リスクがあるのは気になるわね」

──「確かにリスクを気にされる方も多いですね。馬場さま、ふやすことを目標に運用する場合、リスクをなくすことはできません。むしろ、リスクを上手にとって運用することが大切なのです」
「リスクを上手にとる？」
　──「はい、投資の世界では、リスクとはリターンの振れ幅のことをいいます。つまり、リスクが大きいとは、大きな収益を上げられるかもしれないけれど損失が大きい可能性もあるということ、リスクが小さいとは、そんなに大きな収益ではないかもしれないけれど、万が一の損失の額も小さいということです。リスクが怖いとおっしゃるお客さまは、万が一の損失を考えて、その額が大きいと怖いと考えるようですが、馬場さまはいかがでしょうか？」
「私もそうだわ。そんなに大きくふえなくてもいいから、損は嫌だわ」
　──「かしこまりました。それでは、リスクを少なくする方法が大切ですね。一つは、分散投資と申しまして、一つのものに集中して投資するのではなく、いくつかの投資対象に資金を分散して投資する方法です。たとえば、株式を直接購入する場合には、数十万円、数百万円といったご資金で一つの銘柄を購入することになりますが、投資信託では、一人ひとりのお客さまから集まった投資資金でたくさんの株式を購入しますので、数十万円、数百万円の投資でも、複数の株式に投資したことになります。一つの株式が値下がりをしても、別のものが上昇していれば分散投資効果が出ます。もう一つは、長期投資です。こちらをご覧くださいませ。長く投資をしているとリスクが小さくなっているのがおわかりいただけるかと思います」
「本当、10年だとこんなに小さくなるのね」
　──「はい。馬場さまのご資金は、当面お使いのご予定がないとのことでしたので、長期投資が可能なのではないでしょうか？」
「そうね」
　──「ほかに、気になる点などございますでしょうか？」

このようにさらに質問を促し、お客さまの疑問や不安を解決しましょう。
自信がない事柄ならば、調べてから答えれば、フォローにもつながります。

(2) 「何かありましたらご連絡ください」!?

> 「主人にも相談して、もう少し考えてみるわ」
> ——「ありがとうございます。ぜひご検討くださいますようお願いいたします。私、浅見と申します。何かありましたら、いつでもご連絡くださいませ」
> (え、私から連絡するの？ ここはいつでも客を動かすのね!?)

「客待ち」ばかりでは×

「検討します」といってそのままにしてしまうお客さまも少なくありません。「少なくない」というより、むしろ、ほとんどのお客さまがそのまま来店しないのではないでしょうか。

お客さま任せにして「何かありましたら連絡ください」では、提案姿勢として失礼なばかりか、せっかくの相談機会をこのままで無駄にしてしまう可能性もあります。

検討フォローの約束をする

電話や手紙で連絡をする、来店を誘致するなど、フォローをすることが大切です。しかし、「フォローをしよう」と思っても、「明日しよう」「明日しよう」とついつい先延ばしにしてしまい、永遠にその明日が来ないなどということはありませんか。

次にどのようなアプローチをするかお客さまと約束をしておけば、間違いなくフォローができます。有言実行を試みてはいかがでしょうか。

事例を「有言実行方式」に言い換えると以下のようになります。

> 「主人にも相談して、もう少し考えてみるわ」
> ——「ありがとうございます。それでは、本日の説明に使いましたパンフレットをお入れいたしますので、ご主人さまとゆっくりとご検討いただけますでしょうか」

「ありがとう」
――「田中さま、私からも、ご主人さまにお話を差し上げられればと思いますが、ご主人さまは何時ごろお帰りですか？」
「このところ遅くて、毎日10時ごろになるかしら」
――「お忙しくていらっしゃるのですね。それでは、来週の終わりごろにでも、一度、奥さまにお電話を差し上げてもよろしいでしょうか？」
「ええ、私ならいるからいいわよ」
――「ありがとうございます。私、浅見と申します。ぜひ、ご検討のほど、よろしくお願い申し上げます」

　このように、「来週の終わりごろ」と決めておけば、お客さまに約束をした以上、電話をすることを守れますし、お客さまの了解を得ているので、電話をかけやすいですね。
　また、お客さまに「じゃあ、来週までに主人と話しておこうかしら」と相談を促す効果も期待できます。

6 アフターフォローでは？

(1) 「まだ売るには早いですよ」!?

「ちょっと前に買った投資信託の値段が上がったわね。いいものを教えてもらったわ、ありがとう」
　――「おそれいります」
「せっかく儲かったし、ここで売ろうかとも考えているんだけれど……」
　――「さようでございますか。しかし河合さま、そもそも長い目で資産運用したいとのお考えで始めていただいたのですから、わずか半年では売るには早いのではないでしょうか？」
（え？　それじゃあ、よいタイミングと思っても売らないほうがよいわけ!?）

一律に「売るには早い」は×

　お客さまが売り時を考えているのに、まるで「絶対に売らせない」というような態度で「長期投資でしたよね」などと一律に対応していませんか。投資リスクを軽減するために、長期投資を提案しているのはわかりますが、これでは「いったいいつだったら売れるんだ？」ということになってしまいます。

利回り目標を確保できるか

　「まだ上がるかな？」と様子をみていたらタイミングを逃してしまい、今度は値が下がってきたなどということがありますので、売り時は一番むずかしいですね。
　基準価額が上がったときの対応は、
　　① ここで売却をして利益を確定する
　　② このまま様子をみて、さらなる上昇を期待する

の二つです。お客さまの当初の運用目標をクリアしているか、今後の見通しをどのように考えているかがポイントです。

お客さまが運用を始めるときに、どの程度の利回り目標をもっていたかを確認しましょう。そして、売却を考えたお客さまの現在の利回りを提示して、目標を上回っているかを比べ、売却して利益を確定するかどうかの判断に使ってもらいます。

20％の運用益を得たいと思っていたお客さまを想定して事例を言い換えると以下のようになります。

「ちょっと前に買った投資信託の値段が上がったわね。いいものを教えてもらったわ、ありがとう」
　──「おそれいります」
「せっかく儲かったし、ここで売ろうかとも考えているんだけれど……」
　──「さようでございますか。たしか、河合さまの当初の運用目標は、20％程度の利益を出すことでしたね」
「そうね。そのくらいふえれば嬉しいわ」
　──「かしこまりました。それでは、まず算出してみますので、少々お待ちくださいませ」
（20％以上の収益を確認）
　──「お待たせいたしました。現在の基準価額ですと、手数料を引いても22％の運用益を確保できることになります」
「そうなの。それは嬉しいけれど、まだまだ上がるのかしら？　期待できるのだったら、売るのは待ったほうがよいわよねえ？」
　──「そうですね。おっしゃるとおり、方法は二つございます。一つは、河合さまが今後も上昇するとの見通しを強くおもちの場合には、さらなる上昇を待ってから売却する方法です。もう一つは、今後、基準価額が下がった場合に、タイミングを逃したということにならないように、目標を上回った利益が確保できるいま売却する方法です」

「そうねえ、これから先はわからないから、ここで売ろうかしら」
──「かしこまりました。売却後のご資金での次の運用は、何かお考えでいらっしゃいますか？」

(2) 「値が下がっているね」「そのようですねぇ」!?

> 米山さまは、よく来店するお客さまなので、顔と名前は一致しているし、資産内容もおおよそ頭に入っているお得意さま。本日も5万円の引出しに来店しました。いま、その手続が済んだところです。
> ——「○○さま、本日は5万円のお引出しですね。ご確認くださいませ」
> 「はい、ありがとう。ところで、きょうは一つ聞きたいのだけれど、この前買った投資信託なんだけれどね。あれ、値が下がってきたんじゃない？」
> ——「そのようですね」
> (「そのよう」って、一度売ったらもう他人事なのかしら!?)

「他人事」は×

投資信託を買ったお客さまは、当然基準価額の値動きが気になるもの。事例のように、取引のお礼もなく、下がっている気持ちも汲み取れないようでは話になりません。

お客さまの気持ちを汲み取って対応する

基準価額が下がって嬉しいお客さまはいません。お客さまの気持ちを汲み取って、誠実な対応をしましょう。

① 事実（購入時の基準価額、本日の基準価額）を確認する
② お客さまとともに、値動きを再確認する
③ お客さまが心配していた気持ちに共感する
④ 運用の結果を説明する
⑤ 今後の見通しと運用方針を説明する

事例を言い換えると以下のようになります。

> 「はい、ありがとう。ところで、きょうは一つ聞きたいのだけれど、この前買った投資信託なんだけれどね。あれ、値が下がってきたんじゃない？」
> ——「米山さま、確かに基準価額が下がってしまいました。すぐに資料をもってまいります。お時間よろしいでしょうか」
> 「ええ、いいわよ」
> ——「お待たせいたしました。お取引いただきました投資信託□□の基準価額なのですが、米山さまの購入時が〇円でいまが◇円ですので、金額ですと△円ほど、利回りにしますと〇％ほど下がっております。ご心配でいらっしゃいましたでしょう、お知らせもせず申し訳ございません」
> 「いいえ。それで、何が原因か教えてくれる？」

この後、運用報告書やウィークリー・レポート、マンスリー・レポートなどをみて、運用の結果説明と投資信託会社の今後の見通しを説明しましょう。ここで売却するか、もう少し様子をみるか、その際買い足しをするか、お客さまに判断材料を提供する必要があります。

こちらからアプローチ

事例では、そもそも、お客さまにいわれるまで話題にしていません。日ごろ来店する、投資信託取引をしたこともおぼえているようなお客さまに対して、こういったことをこちらから話題にしないようでは失格です。

> ——「米山さま、先日は投資信託のお取引をどうもありがとうございました。実は基準価額がこのところ少し下がっております。どうぞこちらをご覧くださいませ」
> （基準価額の値動きグラフをみせる）
> 「ああ、私も新聞でみていたわ。下がっちゃって気になっていたのよ」
> ——「そうですね。このところの円高が基準価額に大きな影響を与

え、このように下がってしまいました。ご心配でいらっしゃるのではないかと思い、お声をかけさせていただきました」

もちろん来店してもらったときばかりでなく、電話フォローをするなど、値が下がっているときほど、こちらからアプローチしましょう。

(3) フォローに来ない？

> あるお客さまの家庭での会話です。
> A「この前買った投資信託、よかったわ。銀行の人に勧められて決めたのだけれど、ありがたいわね」
> B「よかったわね」
> A「また、次も相談にのって欲しいわ」
> B「そうね。それで、その銀行の人は、その後来たの？」
> A「それがねぇ、買った後、ちっとも来ないのよ！」
> （売ったら、終わりなんですか!?）

「ほったらかし」は×

お客さまに取引してもらった後、何も連絡をとらなければ、「フォローなしなのね」と思われても仕方ありません。

初めて運用を始めたお客さまなどに、その感想を聞かないのでは、ビジネスチャンスを失っている可能性があります。

早いフォローを

少なくとも、初めて投資をしたお客さまには、
① 基準価額の動きが大きいとき
② 最初の分配金が出たとき
などに、お客さまの感想を聞きたいものです。

最初の分配金に嬉しくなり、次の投資はどうしようかと考えているのに、ちっともアプローチがないというお客さまの声を聞いたことがあります。早め早めのアプローチをしたいですね。

〈著者略歴〉

細田　恵子（ほそだ　けいこ）

1983年お茶の水女子大学卒業。銀行、人事コンサルティング会社勤務を経て、1995年に株式会社結コンサルティングを設立。同社代表取締役。モットーは「仕事は楽しくイキイキと」。
金融機関のテラー対象の研修、他業界も含むリーダー研修、大学などのセミナーの企画・実施を中心に活動中。
著書には『銀行員になる』（ビジネス教育出版社）、『パート・派遣社員のための銀行業務』（ビジネス教育出版社）、『就職活動ナビゲーション』（日経HR）、『これならできる資産運用相談―アプローチからフォローまで―』（金融財政事情研究会）、『高齢のお客さま応対のための金融窓口べからず集』（金融財政事情研究会）などがあり、テラー関係の通信講座、雑誌にも執筆多数。

金融窓口・渉外べからず集〔改訂増補版〕

平成28年11月1日　第1刷発行
（平成19年2月22日　初版発行）
（平成21年3月30日　改訂版発行）

　　　　　　　著　者　細　田　恵　子
　　　　　　　発行者　小　田　　　徹
　　　　　　　印刷所　株式会社太平印刷社

〒160-8520　東京都新宿区南元町19
発　行　所　一般社団法人 金融財政事情研究会
　編　集　部　TEL 03(3355)2251　FAX 03(3357)7416
販　　売　株式会社きんざい
　販売受付　TEL 03(3358)2891　FAX 03(3358)0037
　URL http://www.kinzai.jp/

・本書の内容の一部あるいは全部を無断で複写・複製・転訳載すること、および磁気または光記録媒体、コンピュータネットワーク上等へ入力することは、法律で認められた場合を除き、著作者および出版社の権利の侵害となります。
・落丁・乱丁本はお取替えいたします。定価はカバーに表示してあります。

ISBN978-4-322-13030-0